Découvrez l'histoire par les archives de presse

RETRONEWS

Le site de presse de la BnF

www.retronews.fr

TABLEAUX

DE POPULATION, DE CULTURE,

DE COMMERCE ET DE NAVIGATION,

POUR L'ANNÉE 1862.

TABLEAUX

DE POPULATION, DE CULTURE,

DE COMMERCE ET DE NAVIGATION,

FORMANT,

POUR L'ANNÉE 1862,

LA SUITE DES TABLEAUX

INSÉRÉS DANS LES NOTICES STATISTIQUES

SUR LES COLONIES FRANÇAISES.

PARIS.

IMPRIMERIE IMPÉRIALE.

———

1864.

STATISTIQUE
DES COLONIES FRANÇAISES

PENDANT L'ANNÉE 1862.

TABLE DES MATIÈRES.

NUMÉROS des tableaux.	DÉSIGNATION DES TABLEAUX.	MARTINIQUE.	GUADELOUPE.	GUYANE FRANÇAISE.	RÉUNION.	SÉNÉGAL. Saint-Louis.	SÉNÉGAL. Gorée.	ÉTABLISSEMENTS FRANÇAIS DE L'INDE.	MAYOTTE ET DÉPENDANCES.	ÎLES SAINT-PIERRE ET MIQUELON.	TABLEAUX COLLECTIFS.
	1º POPULATION.	Pag.	Pag.	Pag.	Pag.	Pag.	Pag.	Pag.	Pag.	Pag.	Pag.
1.	Tableau général présentant, par classe, par âge et par sexe, la *population des colonies françaises*, pour l'année 1862............	"	"	"	"	"	"	"	"	"	10
2 à 9.	Tableaux détaillés de la *population de chaque colonie*, pour la même année............	12	14	16	18	20	20	22	24	26	"
10.	Tableau récapitulatif présentant les *mouvements annuels de la population* de la Martinique, de la Guadeloupe, de la Guyane française et de la Réunion, de 1858 à 1862....	"	"	"	"	"	"	"	"	"	28
11.	Tableau indiquant la *proportion annuelle de la mortalité* dans chacune des colonies de la Martinique, de la Guadeloupe, de la Guyane française et de la Réunion, pour la période de 1853 à 1862	"	"	"	"	"	"	"	"	"	29
	2º CULTURES.										
12.	Tableau présentant, pour la Martinique, la Guadeloupe, la Guyane française et la Réunion, l'*étendue des terres consacrées à la culture* des principales denrées coloniales et les *produits annuels de ces cultures*, de 1858 à 1862.	"	"	"	"	"	"	"	"	"	32

POPULATION.

N° 1. — *Tableau général de la population des colonies françaises pour l'année 1862, avec comparaison des résultats constatés pour 1861.*

DÉSIGNATION des COLONIES.	HOMMES. Enfants au-dessous de 14 ans.	Célibataires au-dessus de 14 ans.	Hommes mariés.	Veufs.	Total.	FEMMES. Enfants au-dessous de 14 ans.	Filles au-dessus de 14 ans.	Femmes mariées.	Veuves.	Total.	TOTAL GÉNÉRAL par colonie. (¹)	COMPARAISON DE 1862 AVEC 1861. Total de la population au 31 décembre 1861.	Augmentation de la population en 1862.	Diminution de la population en 1862.	MOUVEMENT DE LA POPULATION EN 1862. Nombre de naissances.	Nombre de décès.	Excédant des naissances sur les décès.	Excédant des décès sur les naissances.	Nombre de mariages.
Martinique..................	21,434	25,264	12,724	2,191	61,613	26,085	31,921	12,640	2,749	73,404	135,017	135,991	»	976	4,717	5,029	»	312	508
Guadeloupe et dépendances....	23,072	28,637	13,631	1,599	66,939	21,976	32,097	13,758	3,731	71,562	138,501	138,069	432	»	4,093	3,902	191	»	505
Guyane française............	2,472	5,933	2,340	176	10,921	2,715	4,663	2,403	818	10,599	21,520	19,559	1,961	»	450	512	»	62	72
Réunion....................	25,461	77,280	20,007	2,092	125,440	22,645	23,167	20,109	1,927	67,848	193,288	183,491	9,797	»	4,308	6,162	»	1,854	841
Sénégal et dépendances.......	»	»	»	»	»	»	»	»	»	»	(²)113,291	113,398	»	107	(³)589	(³)606	»	107	(³)16
Établissements français de l'Inde	45,713	12,760	52,684	5,751	116,908	40,290	7,933	48,730	15,009	111,962	228,870	220,478	9,350	958	7,725	8,715	»	990	2,252
Mayotte et dépendances.......	»	»	»	»	11,905	»	»	»	»	10,665	22,570	22,570	»	»	»	»	»	»	»
Saint-Pierre et Miquelon......	429	327	399	45	1,200	561	221	419	96	1,297	2,497	2,385	112	»	120	40	80	»	27
TOTAUX..........	»	»	»	»	»	»	»	»	»	»	855,554	835,941	21,652 / 2,041 (19,611)		22,002	25,056	271 / 3,325 (3,054)		4,221

N° 2. — (MARTINIQUE.) — *Tableau de la population pour l'année 1862.*

DÉSIGNATION des ÉTABLISSEMENTS.	HOMMES.					FEMMES.					TOTAUX.			COMPARAISON DE 1862 AVEC 1861.			MOUVEMENTS DE LA POPULATION EN 1862.				
	ENFANTS au-dessous de 14 ans.	CÉLIBATAIRES au-dessus de 14 ans.	HOMMES mariés.	VEUFS.	TOTAL.	ENFANTS au-dessous de 14 ans.	FILLES au-dessus de 14 ans.	FEMMES mariées.	VEUVES.	TOTAL.	HOMMES.	FEMMES.	TOTAL.	TOTAL de la population au 31 décembre 1861.	Augmentation de la population en 1862.	Diminution de la population en 1862.	Nombre de naissances	Nombre de décès.	Excédant des naissances sur les décès.	des décès sur les naissances.	Nombre de mariages.
1862. Martinique..........	21,434	25,264	12,724	2,191	61,613	26,085	31,921	12,649	2,749	73,404	61,613	73,404	(¹) 135,017	135,991	"	976	4,717	(²) 5,029	"	312	(³) 508

(¹) Dans ce chiffre ne sont pas compris :

1° Les fonctionnaires et employés non propriétaires, s'élevant, avec leurs familles, au nombre de   660 personnes;

2° Les troupes de la garnison, formant, en moyenne, un effectif de.................... 1,279 hommes;

                           ENSEMBLE................. 1,939

Ce chiffre, ajouté à celui de.. 135,017

porte le total général de la population à.............................. 136,956 âmes.

Si l'on en déduit le chiffre des immigrants de toute origine, introduits au 31 décembre 1862,

soit.. 15,576

On retrouve... 121,380

soit, à 250 âmes près en plus, le même chiffre que celui de la population sédentaire de 1847, qui, évidemment, devait aussi comprendre l'effectif des troupes et les fonctionnaires, malgré les recommandations à ce contraires.

(²) Dans ce nombre ne sont pas compris les décès constatés dans les hôpitaux militaires de la colonie, et qui s'élèvent à 70.

(³) Il n'a été fourni pour 1862 aucun renseignement sur la part pour laquelle figurent les nouveaux affranchis dans le chiffre des mariages, non plus qu'en ce qui concerne les légitimations ou les reconnaissances d'enfants.

N° 3. — (GUADELOUPE ET DÉPENDANCES.) — Tableau … de la population pour l'année 1862.

DÉSIGNATION des ÉTABLISSEMENTS	HOMMES — Enfants au-dessous de 14 ans	HOMMES — Célibataires au-dessus de 14 ans	HOMMES — Hommes mariés	HOMMES — Veufs	HOMMES — Total	FEMMES — Enfants au-dessous de 14 ans	FEMMES — Filles au-dessus de 14 ans	FEMMES — Femmes mariées	FEMMES — Veuves	FEMMES — Total	TOTAUX — Hommes	TOTAUX — Femmes	TOTAUX — Total	COMPARAISON — Total de la population au 31 décembre 1861	COMPARAISON — Augmentation de la population en 1862	COMPARAISON — Diminution de la population en 1862	MOUVEMENTS — Nombre de naissances	MOUVEMENTS — Nombre de décès	MOUVEMENTS — Excédant des naissances sur les décès	MOUVEMENTS — Excédant des décès sur les naissances	MOUVEMENTS — Nombre de mariages
Guadeloupe	19,569	25,253	11,386	1,406	57,613	18,303	28,006	11,594	3,261	61,254	57,613	61,254	118,867	118,086	»	119	3,437	3,348	89	»	431
Marie-Galante	2,312	2,067	1,630	136	6,171	2,399	2,483	1,668	350	6,900	6,171	6,900	13,071	13,032	39	»	458	377	81	»	41
Les Saintes	350	363	133	14	860	270	226	131	29	668	869	668	1,537	1,318	210	»	58	74	»	16	10
La Désirade	305	243	214	26	808	378	342	214	62	996	808	996	1,864	1,793	71	»	54	27	27	»	8
Saint-Martin (partie française)	408	671	202	17	1,418	527	1,040	148	20	1,741	1,418	1,744	3,162	2,910	222	»	86	76	10	»	15
Totaux	23,072	28,037	13,631	1,599	66,039	21,976	32,007	13,758	3,731	71,562	66,039	71,562	138,501 (1)	138,069	551	119	4,093	3,902	207	16	505

Augmentation / Diminution : **432** — Excédant : **191**

(1) Dans ce chiffre sont compris :

1° Les fonctionnaires et employés, non propriétaires, s'élevant avec leurs familles au nombre de . . . . . 780 personnes;

2° Les immigrants de toute origine, au nombre de 12,421

3° Les troupes de la garnison, à l'effectif de 1,536

Ensemble 14,737

qui, déduites du chiffre de 138,501

ne laisseraient, pour la population sédentaire proprement dite, que . . . . 123,764 âmes.

La faiblesse de ce chiffre conduit à penser que la population flottante, indépendamment des travailleurs indiens, africains et chinois, a dû être antérieurement confondue avec la population sédentaire; car les déductions opérées ci-dessus réduisant cette dernière à un chiffre de beaucoup inférieur à celui qui a été établi pour 1847 (129,109 âmes) et adopté comme point de comparaison dans la note du tableau analogue publié pour 1860. (Voir page 14.)

En ajoutant à ces . . . . 123,764 âmes

le chiffre de la population flottante indiqué pour 1862 7,072

on trouve un total de 130,836

qui donne encore une différence en plus de 1,727 âmes, par rapport à la population sédentaire de 1847. Cet excédant pourrait bien provenir 1° d'un double emploi en ce qui concerne l'effectif de la garnison . . . . 1,536 hommes compris dans la population sédentaire et dans la population flottante; et 2° de l'excédant des naissances sur les décès 191

Total égal 1,727

La parfaite concordance de ces deux chiffres justifie pleinement cette supposition.

N° 4. — (Guyane française.) — Tableau de la population pour l'année 1862.

DÉSIGNATION des ÉTABLISSEMENTS.	HOMMES.					FEMMES.					TOTAUX.			COMPARAISON DE 1862 AVEC 1861.			MOUVEMENTS DE LA POPULATION EN 1862.				
	ENFANTS au-dessous de 14 ans.	CÉLIBATAIRES au-dessus de 14 ans.	HOMMES mariés.	VEUFS.	TOTAL.	ENFANTS au-dessous de 14 ans.	FILLES au-dessus de 14 ans.	FEMMES mariées.	VEUVES.	TOTAL.	HOMMES.	FEMMES.	TOTAL.	TOTAL de la population au 31 décembre 1861.	Augmentation de la population en 1862.	Diminution de la population en 1862.	Nombre de naissances.	Nombre de décès.	Excédant des naissances sur les décès.	Excédant des décès sur les naissances.	Nombre de mariages.
Guyane française.......	2,472	5,933	2,340	176	10,921	2,715	4,663	2,403	818	10,599	10,921	10,599	(¹) 21,520	(²) 19,559	1,961	»	450	512	»	62	72

(¹) La population blanche forme à peu près la 15ᵉ partie de ce total, dans lequel ne sont pas compris :

1° Les Indiens aborigènes, au nombre d'environ		1,500
2° Les Indiens réfugiés du Para, au nombre d'environ		270
3° L'infanterie de marine		923
4° L'artillerie de marine.... { Canonniers 47 / Ouvriers 28 }		75
5° Détachement du génie		7
6° La gendarmerie coloniale		165
7° Surveillants		147
8° Les sœurs de Saint-Joseph et de Saint-Paul		77
9° Les frères de Ploërmel		14
10° Service médical		30
11° ——— administratif		55
12° Transportés hors pénitenciers		168
TOTAL		3,431

Ce chiffre, ajouté à celui de 21,520, porte à 24,951 individus la population totale de la colonie.

(²) Le total de la population dite sédentaire de 1862 comprend évidemment les immigrants de toute origine, au nombre de 2,171, savoir :

Immigrants africains	1,063
Immigrants indiens	1,025
Chinois	83
	2,171

Voir la note 2 du tableau analogue publié pour 1860 et 1861.

N° 5. — (Réunion.) — *Tableau détaillé de la population pour l'année 1862.*

DÉSIGNATION des ÉTABLISSEMENTS.	HOMMES.					FEMMES.					TOTAUX.			COMPARAISON DE 1862 AVEC 1861.			MOUVEMENTS DE LA POPULATION EN 1862.				
	Enfants au-dessous de 14 ans.	Célibataires au-dessus de 14 ans.	Hommes mariés.	Veufs.	Total.	Enfants au-dessous de 14 ans.	Filles au-dessus de 14 ans.	Femmes mariées.	Veuves.	Total.	Hommes.	Femmes.	Total.	Total de la population au 31 décembre 1861.	Augmentation de la population en 1862.	Diminution de la population en 1862.	Nombre de naissances.	Nombre de décès.	Excédant des naissances sur les décès.	Excédant des décès sur les naissances.	Nombre de mariages.
Réunion............	25,461	77,280	20,007	2,692	125,440	22,645	23,167	20,109	1,927	67,848	125,440	67,848	193,288 (¹)	183,491 (¹)	9,797 (¹)		4,308	6,162		1,854 (¹)	841

(¹) Suivant celui des deux modes de décomposition ci-après adopté pour contrôler ce chiffre, on constate un excédant de 24,201, ou de 12,467 âmes :

1° Il a été démontré précédemment que la population de 1861 devait être réduite au chiffre de.......... 166,160 âmes

Or, en déduisant de ce chiffre l'excédant des décès sur les naissances, pendant l'année 1862, soit......... 1,854

Il reste.......... 164,306

Auxquelles, pour obtenir le chiffre vrai de la population pendant cette dernière année, il convient d'ajouter le chiffre net des immigrants introduits du 1er janvier au 31 décembre 1862, soit.......... 3,008

Ensemble.......... 167,314

En ajoutant encore à ce dernier chiffre, celui de.......... 1,773

qui comprend 704 fonctionnaires, employés et agents non propriétaires, et 1,069 hommes de troupes, on arrive à un total général de.......... 169,087

qui, comparé à celui du document colonial pour 1862.......... 193,288

laisse à expliquer une différence en plus de.......... 24,201

2° D'après les bases qui ont servi à formuler les observations mises au bas des tableaux analogues publiés pour les années précédentes, le chiffre maximum de la population de l'île, antérieurement à 1852, n'a jamais dépassé..... 106,000 âmes

Si à ce chiffre on ajoute celui des immigrants existants, introduits depuis le commencement de l'immigration jusqu'au 31 décembre 1862, soit.......... 73,048 âmes

Comme l'indique l'état de situation reçu de la colonie, on arrive au chiffre de.......... 179,048

qui, avec celui des fonctionnaires et de l'effectif de la garnison, soit.......... 1,773

Présente un total général de.......... 180,821

Ce dernier chiffre, rapproché du total général accusé par la colonie.......... 193,288

laisse encore à expliquer un excédant de.......... 12,467

sans tenir compte de l'excédant des décès sur les naissances, qui, en 1862, s'est élevé à 1,854.

N° 6. — (SÉNÉGAL ET DÉPENDANCES.) — Tableau de la population pour l'année 1862.

DÉSIGNATION des ARRONDISSEMENTS	HOMMES					FEMMES				
	ENFANTS au-dessous de 14 ans	CÉLIBATAIRES au-dessus de 14 ans	HOMMES mariés	VEUFS	TOTAL	ENFANTS au-dessous de 14 ans	FILLES au-dessus de 14 ans	FEMMES mariées	VEUVES	TOTAL
Arrond' de St-Louis. — Saint-Louis et faub...	"	"	"	"	6,011	"	"	"	"	8,977
Banlieue...	"	"	"	"	"	"	"	"	"	"
Arrond' de Richard-Toll. — Richard-Toll	"	"	"	"	"	"	"	"	"	"
Oualo	"	"	"	"	"	"	"	"	"	"
Arrond' de Dagana. — Dagana et banlieue	"	"	"	"	"	"	"	"	"	"
Dimar	"	"	"	"	"	"	"	"	"	"
Arrond' de Podor. — Podor et banlieue	"	"	"	"	"	"	"	"	"	"
Saldé	"	"	"	"	"	"	"	"	"	"
Toro	"	"	"	"	"	"	"	"	"	"
Arrond' de Bakel. — Bakel et banlieue	"	"	"	"	"	"	"	"	"	"
Médine	"	"	"	"	"	"	"	"	"	"
Sénoudébou	"	"	"	"	"	"	"	"	"	"
N'Daugan	"	"	"	"	"	"	"	"	"	"
Matam	"	"	"	"	"	"	"	"	"	"
Damga	"	"	"	"	"	"	"	"	"	"
Arrond' de Gorée. — Gorée	"	"	"	"	695	"	"	"	"	1,872
Cercles de Dakar, du Ndiander, des Serrères et de Joal	"	"	"	"	"	"	"	"	"	"
Arrond' de Sedhiou. — Comptoir de Sedhiou	"	"	"	"	"	"	"	"	"	"
Comptoir de Carabane	"	"	"	"	"	"	"	"	"	"
TOTAL	"	"	"	"	"	"	"	"	"	"

DÉSIGNATION des ARRONDISSEMENTS	TOTAUX			COMPARAISON DE 1862 AVEC 1861.			MOUVEMENTS DE LA POPULATION EN 1862.				
	HOMMES	FEMMES	TOTAL	TOTAL de la population au 31 décembre 1860	Augmentation de la population	Diminution de la population	Nombre de naissances	Nombre de décès	Excédant des naissances sur les décès	Excédant des décès sur les naissances	Nombre de mariages
Arrond' de St-Louis. — Saint-Louis et faub...	6,011	8,977	(¹) 14,988	15,015	"	27	485	(⁵) 512	"	27	12
Banlieue...	"	"	12,648	12,648	"	"					
Arrond' de Richard-Toll. — Richard-Toll	"	"	336	336							
Oualo	"	"	(²) 10,754	10,754							
Arrond' de Dagana. — Dagana et banlieue	"	"	3,346	3,346							
Dimar	"	"	5,828	5,823							
Arrond' de Podor. — Podor et banlieue	"	"	2,045	2,045							
Saldé	"	"	24	24							
Toro	"	"	(²) 25,000	25,000							
Arrond' de Bakel. — Bakel et banlieue	"	"	1,936	1,936							
Médine	"	"	66	66							
Sénoudébou	"	"	500	500							
N'Daugan	"	"	60	60							
Matam	"	"	682	682							
Damga	"	"	(²) 20,000	20,000							
Arrond' de Gorée. — Gorée	695	1,872	2,567	2,647	"	80	104	184	"	80	4
Cercles de Dakar, du Ndiander, des Serrères et de Joal	"	"	(³) 11,657	(⁶) 11,657							
Arrond' de Sedhiou. — Comptoir de Sedhiou	"	"	(²) 854	854							
Comptoir de Carabane											
TOTAL	"	"	113,291	113,398	"	107	589	696	"	107	16

(¹) Le chiffre de 14,968 comprend 4,388 enfants. Ceux-ci, figurant au recensement sans distinction de sexe, ont dû être répartis proportionnellement entre les hommes et les femmes d'après leurs chiffres respectifs. — La population de Saint-Louis et de ses faubourgs ne comprend en fait d'Européens que 204 individus, dont 150 du sexe masculin et 54 du sexe féminin. — Le chiffre total de la population de l'arrondissement de Saint-Louis (27,636 âmes) ne comprend que 1,200 habitants chrétiens.

(²) Les renseignements concernant ces diverses localités ont été fournis pour la première fois en 1861.

(³) Non compris les militaires, marins et employés européens et leurs familles, au nombre de 1,488 âmes, les troupes indigènes, dont l'effectif est de 800 hommes, et les marins et employés indigènes, au nombre de 433.

(⁴) Pendant l'année 1862, il y a eu à Saint-Louis et faubourgs, dans la population de couleur, 6 mariages et 3 reconnaissances, et, dans la population noire, 1 mariage et 14 reconnaissances. Cette dernière partie de la population étant presque entièrement musulmane et les mariages des mahométans ne se faisant point par-devant l'officier de l'état civil, l'Administration locale n'a aucun moyen de les constater. — A Gorée, il y a eu 4 mariages entre noirs, qui ont donné lieu à 26 reconnaissances d'enfants.

(⁵) Indépendamment de ce chiffre de 512 décès, il y a eu 46 constatations de décès d'Européens arrivés dans les postes du fleuve, et dont les actes ont été transcrits sur les registres de l'état civil de Saint-Louis.

(⁶) Population des localités dont la désignation ne se retrouve pas en 1862.

N° 7. — (ÉTABLISSEMENTS FRANÇAIS DANS L'INDE.) — Tableau de la population pour l'année 1862.

DÉSIGNATION DES ÉTABLISSEMENTS.	HOMMES.					FEMMES.					TOTAUX.			COMPARAISON DE 1862 AVEC 1861.			MOUVEMENTS DE LA POPULATION EN 1862.				
	ENFANTS au-dessous de 14 ans.	CÉLIBATAIRES au-dessus de 14 ans.	HOMMES mariés.	VEUFS.	TOTAL.	ENFANTS au-dessous de 14 ans.	FILLES au-dessus de 14 ans.	FEMMES mariées.	VEUVES.	TOTAL.	HOMMES.	FEMMES.	TOTAL.	TOTAL de la population au 31 décembre 1861.	Augmentation de la population en 1862.	Diminution de la population en 1862.	Nombre de naissances.	Nombre de décès.	Excédant des naissances sur les décès.	Excédant des décès sur les naissances.	Nombre de mariages.
Pondichéry et ses districts.	29,282	5,059	31,567	2,250	68,158	24,734	3,873	26,919	2,939	58,465	68,158	58,465	126,623	125,992	631	"	4,842	5,380	"	538	1,365
Chandernagor, idem....	3,570	3,121	4,055	1,908	12,654	3,930	2,743	4,169	4,208	15,050	12,654	15,050	27,704	28,512	"	808	430	1,239	"	809	331
Karikal, idem..........	10,448	3,915	13,892	1,316	29,571	9,728	997	14,391	6,403	31,519	29,571	31,519	61,090	52,643	8,447	"	2,199	1,869	330	"	483
Mahé, idem..........	1,457	391	1,496	193	3,537	1,244	234	1,484	645	3,607	3,537	3,607	7,144	6,872	272	"	165	102	63	"	42
Yanaon, idem........	956	274	1,674	84	2,988	654	86	1,767	814	3,321	2,988	3,321	6,309	6,459	"	150	89	125	"	36	31
Totaux........	45,713	12,760	52,684	5,751	116,908	40,290	7,933	48,730	15,009	111,962	116,908 (¹)	111,962 (¹)(²)(³)	228,870	220,478	9,350	958	7,725	8,715	393	1,383	2,252
															8,392 (⁴)					990 (⁴)	

(¹) Dans ce chiffre n'est pas comprise la garnison européenne, s'élevant, au 1ᵉʳ janvier 1863, à 143 hommes.

(²) La population européenne répandue dans nos cinq établissements ne figure ici que pour 1,483 âmes; elle représente 314 garçons, 280 filles, 455 hommes et 434 femmes. La population mixte : 319 garçons, 553 filles, 280 hommes et 394 femmes; ensemble 1,546 âmes. La population indigène : 45,356 garçons, 39,544 filles, 70,184 hommes, 70,757 femmes; ensemble 217,430 âmes.

(³) Les fonctionnaires et employés, au nombre de 852, et les troupes indigènes, au nombre de 395 hommes, sont compris dans ce chiffre.

(⁴) L'augmentation de la population, en 1862, présente, malgré l'excédant des décès sur les naissances, une différence en plus de 8,392 âmes, qui n'est point expliquée, et provient presque exclusivement du fait de Karikal.

N° 8. — (MAYOTTE ET DÉPENDANCES.) — *Tableau de la population pour l'année 1862.*

DÉSIGNATION des ÉTABLISSEMENTS.	HOMMES.				FEMMES.				TOTAUX.			COMPARAISON DE 1861 AVEC 1862.			MOUVEMENTS DE LA POPULATION EN 1861.			
	ENFANTS au-dessous de 14 ans.	DE 14 à 60 ans.	AU-DESSUS de 60 ans.	TOTAL.	ENFANTS au-dessous de 14 ans.	DE 14 à 60 ans.	AU-DESSUS de 60 ans.	TOTAL.	HOMMES.	FEMMES.	TOTAL.	TOTAL de la population au recensement précédent.	Augmentation de la population en 1862.	Diminution de la population en 1862.	Nombre de naissances.	Nombre de décès.	Excédant des naissances sur les décès.	Excédant des décès sur les naissances.
Mayotte [1].	350	854		1,204	506	1,235		1,741	1,204	1,741	[2] 2,945	2,945	"	"	"	"	"	"
Nossi-Bé [1].	1,487	6,760		8,247	1,038	4,720		5,758	8,247	5,758	[3] 14,005	14,005	"	"	"	"	"	"
Sainte-Marie [4].	1,087	1,367		2,454	997	2,169		3,166	2,454	3,166	[5] 5,620	5,700	"	[6] 80	"	"	"	"
Totaux.	2,924	8,981		11,905	2,541	8,124		10,665	11,905	10,665	22,570	22,650	"	80	"	"	"	"

[1] Les chiffres relatifs à Mayotte et à Nossi-Bé proviennent de recensements dressés dans les derniers mois de 1860 et se rapportent à cette même année. Le cadre du document colonial ne répondant point à celui du présent tableau; on a dû, comme pour les années précédentes, scinder par une proportion les chiffres relatifs aux enfants présentés en bloc, de manière à dégager la part de chaque sexe. On voit que le total n'a point varié.

[2] Non compris 77 habitants civils, 38 employés divers, 2 sous-officier et soldat du génie, 1 sous-officier et 8 soldats d'artillerie, 1 officier, 3 sous-officiers et 37 soldats d'infanterie, 4 sous-officiers et 75 soldats africains, formant ensemble un total de 246 et une population flottante de 1,746 travailleurs, dont 101 non engagés. Ces deux derniers chiffres représentent ensemble 1,992 âmes, qui, réunies aux 2,945 de population sédentaire figurant dans la colonne ci-dessus, forment ensemble un total de 4,937; ce total, comparé à celui du recensement précédent, présente une différence en plus de 140 âmes. Cette augmentation provient évidemment de 139 travailleurs, dont 38 engagés, et 101 non engagés qui figurent en plus dans l'état de situation de cette année.

[3] Non compris les fonctionnaires et employés avec leurs familles, au nombre de 23, les habitants européens ou créoles de la Réunion et de Maurice, au nombre de 63, les troupes de la garnison, dont l'effectif est de 173 hommes, 529 travailleurs attachés aux exploitations rurales, dont 188 engagés et 341 non engagés, plus 57 femmes et 10 enfants résidant sur les établissements, mais sans engagement. Ces divers chiffres représentent 855 âmes, qui, réunies aux 14,005 ci-dessus, forment un total de 14,860. — Cette différence de 75 âmes en plus provient sans doute des mutations survenues parmi les travailleurs de l'extérieur attachés aux exploitations agricoles.

[4] L'administration locale n'ayant point fait parvenir de recensement depuis 1857, on reproduit ici les chiffres établis pour cette dernière année.

[5] Non compris 24 employés, 8 commerçants, 7 ménages chrétiens représentant 21 personnes, 19 soldats européens d'infanterie, 7 artilleurs, 2 sous-officiers du génie, 3 indigènes chrétiens, ensemble 84 âmes, qui, réunies aux 5,620 ci-dessus, forment un total de 5,704.

[6] La différence en moins de 80 âmes que présente le total de la population en 1857, comparé au chiffre de 1855, s'explique par les absences signalées, savoir: 56 matelots embarqués, 35 soldats africains passés à la Réunion, 43 enfants chez les missionnaires à la Réunion, 7 femmes et 13 hommes engagés dans cette même colonie, sans parler des indigènes absents depuis plusieurs années, d'environ 200 femmes qui sont allées s'établir à Mayotte et à Nossi-Bé, d'autres restées à la Réunion, d'environ 300 matelots indigènes de Sainte-Marie répartis entre la Réunion, Maurice, Nossi-Bé et Mayotte et dont le retour est peu probable. — Les 56 matelots indiqués ci-dessus comme absents ont été embarqués récemment.

N° 9. — (SAINT-PIERRE ET MIQUELON.) Tableau de la population pour l'année 1862.

DÉSIGNATION des ÉTABLISSEMENTS.	HOMMES. ENFANTS au-dessous de 14 ans.	HOMMES. CÉLIBATAIRES au-dessus de 14 ans.	HOMMES mariés.	VEUFS.	TOTAL.	FEMMES. ENFANTS au-dessous de 14 ans.	FEMMES. FILLES au-dessus de 14 ans.	FEMMES mariées.	VEUVES.	TOTAL.	TOTAUX. HOMMES.	TOTAUX. FEMMES.	TOTAL.	COMPARAISON DE 1862 AVEC 1861. TOTAL de la population au 31 décembre 1861.	Augmentation de la population en 1862.	Diminution de la population en 1862.	MOUVEMENTS DE LA POPULATION EN 1862. Nombre de naissances.	Nombre de décès.	Excédant des naissances sur les décès.	Excédant des décès sur les naissances.	Nombre de mariages.
POPULATION SÉDENTAIRE.																					
Saint-Pierre............	262	260	300	33	855	390	161	320	69	940	855	940	1,795	1,695	100		88	34	54		23
Miquelon............ / Langlade............	167	67	99	12	345	171	60	99	27	357	345	357	702	690	12		32	6	26		4
Totaux........	429	327	399	45	1,200	561	221	419	96	1,297	1,200	1,297	2,497	2,385	112		120	40	80		27
POPULATION FLOTTANTE (¹).																					
Saint-Pierre............ / Miquelon............ / Langlade............	36	422	104	5	567	61	82	49	7	199	567	199	766	689	77		4	27		23	
Totaux généraux...	465	749	503	50	1,767	622	303	468	103	1,496	1,767	1,496	3,263	3,074	189		124	67		57	27

(¹) La population flottante se décompose ainsi :

Fonctionnaires et leurs familles............ { Sexe masculin,............ 33 } 62 { Sexe féminin............ 29 }

Troupes, officiers, etc. et leurs familles...... { Sexe masculin,............ 50 } 51 { Sexe féminin............ 1 }

Gendarmes et leurs familles............ { Sexe masculin............ 25 } 45 { Sexe féminin............ 20 }

Agents divers et leurs familles............ { Sexe masculin,............ 40 } 74 { Sexe féminin............ 34 }

À REPORTER 232

REPORT........................ 232

Marins et leurs familles............ { Sexe masculin............ 83 } 97 { Sexe féminin............ 14 }

Pêcheurs hivernants, y compris 11 femmes................................ 304

Étrangers............ { Sexe masculin............ 51 } 133 { Sexe féminin............ 82 }

TOTAL........................ 766

N° 10. — *Tableau récapitulatif présentant les mouvements annuels de la population de la Martinique, de la Guadeloupe, de la Guyane française et de la Réunion, de 1858 à 1862.*

DÉSIGNATION DES COLONIES.	ANNÉES.	NOMBRE de NAISSANCES.	NOMBRE de DÉCÈS.	EXCÉDANT des NAISSANCES sur les décès.	EXCÉDANT des DÉCÈS sur les naissances.	NOMBRE de MARIAGES.
Martinique	1858	4,646	4,553	93	"	682
	1859	4,747	4,057	"	210	605
	1860	4,761	5,487	"	726	543
	1861	4,860	5,539	"	679	485
	1862	4,717	5,029	"	312	508
Moyenne quinquennale...	....	4,746	5,113	19	385	565
Guadeloupe et dépendances	1858	4,381	2,811	1,570	"	762
	1859	4,296	4,508	"	212	682
	1860	4,210	4,362	"	152	546
	1861	3,628	3,447	181	"	480
	1862	4,093	3,902	191	"	505
Moyenne quinquennale...	....	4,122	3,606	388	73	595
Guyane française	1858	432	688	"	256	164
	1859	406	482	"	16	158
	1860	458	478	"	20	113
	1861	481	551	"	70	108
	1862	450	512	"	62	72
Moyenne quinquennale ..	....	457	542	"	85	123
Réunion..................	1858	3,967	7,307	"	3,340	1,006
	1859	3,961	8,533	"	4,572	970
	1860	4,096	5,892	"	1,796	908
	1861	4,119	7,347	"	3,228	861
	1862	4,308	6,162	"	1,854	841
Moyenne quinquennale..	....	4,090	7,048	"	2,958	917
Moyennes générales....	....	13,415	16,309	407	3,501	2,200

3,094

N° 11. — *Tableau indiquant la proportion annuelle de la mortalité dans chacune des colonies de la Martinique, de la Guadeloupe, de la Guyane et de la Réunion, de 1853 à 1862.*

ANNÉES.	MARTINIQUE.			GUADELOUPE.		
	TOTAL de la population.	NOMBRE de décès.	NOMBRE de décès par cent individus.	TOTAL de la population.	NOMBRE de décès.	NOMBRE de décès par cent individus.
1853......................	129,681	3,459	2. 67	125,744	3,844	3. 06
1854......................	134,005	3,508	2. 62	129,220	3,914	3. 03
1855......................	135,514	3,326	2. 45	130,120	3,641	2. 80
1856......................	136,460	3,938	2. 89	131,557	4,138	3. 15
1857......................	137,513	4,037	2. 94	133,092	3,382	2. 54
1858......................	137,606	4,553	3. 31	134,160	2,811	2. 09
1859......................	137,396	4,957	3. 61	139,055	4,508	3. 24
1860......................	136,670	5,487	4. 01	136,602	4,362	3. 19
1861......................	135,991	5,539	4. 07	138,069	3,447	2. 50
1862......................	135,017	5,029	3. 72	138,501	3,902	2. 89
Moyennes...........	135,594	4,383	3. 23	133,612	3,795	2. 85

ANNÉES.	GUYANE FRANÇAISE.			RÉUNION.		
	TOTAL de la population.	NOMBRE de décès.	NOMBRE de décès par cent individus.	TOTAL de la population.	NOMBRE de décès.	NOMBRE de décès par cent individus.
1853.	16,817	604	3. 59	118,295	3,277	2. 77
1854.....................	16,741	547	3. 27	129,128	3,359	2. 60
1855.....................	16,602	623	3. 75	143,621	4,303	3. 00
1856.....................	16,703	391	2. 34	153,328	4,950	3. 23
1857.....................	17,143	773	4. 50	161,321	5,200	3. 22
1858.....................	16,887	688	4. 07	167,004	7,307	4. 37
1859.....................	17,249	482	2. 79	166,558	8,533	5. 12
1860.....................	19,784	478	2. 42	178,238	5,892	3. 30
1861.....................	19,559	551	2. 82	183,491	7,347	4. 00
1862.....................	21,520	512	2. 38	193,288	6,162	3. 19
Moyennes...........	17,900	565	3. 19	159,427	5,133	3. 48

CULTURES.

N° 12. — Tableau présentant, pour la Martinique, la Guadeloupe, la Guyane française et Réunion, l'étendue des terres consacrées à la culture des principales denrées coloniales et les produits annuels de ces cultures de 1857 à 1862 inclusivement.

ANNÉES	NOMS DES COLONIES	CANNE À SUCRE Nombre d'hectares cultivés	Sucre (Kilog.)	Sirops et mélasses (Litres.)	Tafia (Litres.)	CAFÉ Nombre d'hectares cultivés	CAFÉ Produits (Kilog.)	COTON Nombre d'hectares cultivés	COTON Produits (Kilog.)	CACAO Nombre d'hectares cultivés	CACAO Produits (Kilog.)
1857.	Martinique	18,624	27,072,050	7,115,500	5,098,500	579	103,202	37	2,980	434	279,805
	Guadeloupe	14,790	25,705,658	2,056,360	3,124,440	1,596	236,063	541	276,117	70	27,769
	Guyane française	360	404,800	139,120	138,700	243	33,600	34	4,123	114	34,200
	Réunion	41,159	64,649,170	6,041,551	2,807,666	2,246	450,350	5	606	27	500
	Total pour 1857	74,939	117,831,678	15,352,531	11,169,306	4,664	823,215	617	284,192	645	342,274
1858.	Martinique	18,261	25,511,100	5,018,000	4,845,880	543	74,910	38	2,320	354	90,750
	Guadeloupe	16,402	32,338,864	3,017,691	4,526,544	1,962	303,483	347	91,390	148	63,531
	Guyane française	334	401,400	133,800	133,800	288	31,200	28	3,800	78	23,400
	Réunion	44,242	58,012,893	6,256,606	1,760,748	2,291	363,600	10	350	22	550
	Total pour 1858	79,239	116,264,057	14,426,097	11,269,972	4,984	863,193	423	97,860	602	278,231
1859.	Martinique	18,738	24,741,550	6,077,940	3,545,200	448	87,060	23	3,051	193	113,165
	Guadeloupe	18,081	28,021,352	1,686,472	2,529,708	2,009	1,452,342	280	35,051	163	244,648
	Guyane française	325	345,000	101,188	104,788	298	45,200	28	3,595	138	41,400
	Réunion	44,339	64,507,960	5,512,609	3,626,358	2,156	412,600	10	400	22	919
	Total pour 1859	81,483	117,615,862	13,378,209	9,806,054	4,011	1,997,202	341	42,100	516	400,132
1860.	Martinique	20,083	30,988,250	7,185,800	4,371,133	415	159,500	23	3,430	212	93,095
	Guadeloupe	17,892	32,903,019	1,086,258	3,877,930	1,591	584,652	316	29,008	215	178,830
	Guyane française	390	396,700		214,700	360	81,400	34	4,315	118	19,275
	Réunion	47,039	82,436,358	6,232,095	3,488,903	1,991	368,200	151	450	28	1,000
	Total pour 1860	85,404	146,724,327	14,504,153	11,952,666	4,357	1,193,752	524	37,220	573	292,200
1861.	Martinique	20,516	28,240,400	6,224,050	4,739,210	411	155,875	17	303,250	276	8,894,450
	Guadeloupe	17,968	31,219,226	1,724,717	3,664,809	1,676	992,932	366	20,415	210	109,474
	Guyane française	452	509,061		254,531	498	74,700	28	3,765	159	47,700
	Réunion	47,749	65,532,868	5,277,564	2,360,808	1,986	349,800	1	150	28	1,100
	Total pour 1861	86,685	125,501,555	13,226,331	11,019,358	4,571	1,573,307	412	327,575	673	9,052,724
	Total pour les 5 années	407,750	623,937,479	70,887,321	55,217,356	23,487	6,250,669	2,317	788,830	3,009	10,365,561
	Moyenne quinquennale	81,550	124,787,496	14,177,464	11,043,471	4,697	1,250,134	463	157,776	602	2,073,112
1862.	Martinique	19,565	27,079,850	6,119,876	4,371,143	515	130,630	24	6,650	330	127,500
	Guadeloupe	18,656	35,643,969	1,982,069	4,703,039	1,862	650,526	381	36,655	300	10,802
	Guyane française	447	501,577		250,788	504	84,338	27	3,375	144	43,200
	Réunion	48,353	69,141,663	6,505,760	3,579,311	1,971	448,460	26	350	21	1,100
	Total pour 1862	57,021	132,366,159	14,607,705	12,004,281	4,852	1,314,254	458	47,033	885	182,602

ANNÉES	NOMS DES COLONIES	GIROFLE ET GRIFFES de girofle Nombre d'hectares cultivés	GIROFLE Produits (Kilog.)	VANILLE Nombre d'hectares cultivés	VANILLE Produits (Kilog.)	POIVRE, cannelle, muscade et autres épices Nombre d'hectares cultivés	POIVRE Produits (Kilog.)	TABAC Nombre d'hectares cultivés	TABAC Produits (Kilog.)	ROCOU Nombre d'hectares cultivés	ROCOU Produits (Kilog.)	VIVRES Nombre d'hectares cultivés	VIVRES Produits (Francs.)
1857.	Martinique							309	1,600			12,557	2,556,800
	Guadeloupe	2	1,025					15	6,098	253	129,860	5,715	
	Guyane française	614	88,185			2	100			1,600	582,500	2,236	2,332,000
	Réunion	576	53,500	405	1,834			482	278,750			23,134	2,590,110
	Total pour 1857	1,192	142,710	405	1,834	2	100	806	286,508	1,913	712,306	43,042	
1858.	Martinique							5	3,500			11,133	2,304,700
	Guadeloupe	4	640		525			8	6,962	253	192,260	5,202	
	Guyane française	221	35,749			1	200			1,386	512,000	2,413	2,719,500
	Réunion	323	13,000	58	2,208			373	333,500			27,396	2,931,818
	Total pour 1858	548	49,389	58	2,733	1	200	386	364,062	1,639	704,260	46,144	
1859.	Martinique							11	3,400			12,035	2,618,180
	Guadeloupe				702			81		186	148,200	5,804	
	Guyane française	250	34,341			172	127			1,056	401,075	2,237	1,068,658
	Réunion	321	9,100	116	3,881			375	625,939			27,785	6,562,809
	Total pour 1859	571	43,441	116	4,583	172	127	467	629,339	1,242	540,275	47,861	
1860.	Martinique							10	7,800			11,368	2,120,407
	Guadeloupe		117	6	654			18	25,875	165	132,600	6,270	
	Guyane française	214	23,507			1	150			1,076	361,550	2,403	763,797
	Réunion	289	6,350	382	5,251	3	500	493	523,350			24,119	3,413,500
	Total pour 1860	503	29,074	388	5,905	4	650	521	557,025	1,241	494,150	44,160	6,297,706
1861.	Martinique							14	28,400			11,701	4,169,600
	Guadeloupe	6	316		320			21	4,030	165	188,500	6,780	
	Guyane française	215	23,705			7	425			1,032	386,785	2,822	850,833
	Réunion	266	6,800	500	11,427			546	347,600			24,862	5,335,850
	Total pour 1861	487	30,821	500	11,747	7	425	581	380,030	1,197	575,285	46,165	10,356,283
	Total pour les 5 années	3,301	296,335	1,467	26,802	186	1,562	2,761	2,216,964	7,232	3,035,276	227,972	
	Moyenne quinquennale	660	59,267	293	5,360	37	312	552	443,393	1,446	607,055	45,594	
1862.	Martinique							6	6,000			12,051	
	Guadeloupe	7	215		275			17	7,335	226	100,400	7,311	
	Guyane française	195	21,450	1	15	2	100			955	359,031	3,076	1,452,374
	Réunion	247	5,000	520	18,605			687	537,710			24,763	3,175,490
	Total pour 1862	449	26,665	521	18,895	2	100	710	551,045	1,181	549,431		

N° 13. — (Martinique.) — Tableau détaillé des cultures pour l'année 1862.

DÉSIGNATION DES CULTURES.	NOMBRE D'HECTARES en culture.	NOMBRE D'HABITATIONS rurales.	NOMBRE de TRAVAILLEURS employés aux cultures.	NATURE des produits.	QUANTITÉS.	VALEUR brute.	ÉVALUATION approximative des frais d'exploitation.	VALEUR nette.	VALEUR APPROXIMATIVE DES PROPRIÉTÉS RURALES — Valeur des terres employées aux cultures.	Valeur des bâtiments et du matériel d'exploitation. (2)	Valeur des animaux de trait et du bétail. (3)
Canne à sucre............	19,565	559	32,500	Sucre brut.............	27,079,300k	11,644,099f	5,822,049f	5,822,050f			
				Sucre terré, ...	550	275	137	138			
				Sirops et mélasses........	6,119,876lit.	1,162,776	581,388	581,388			
				Tafia.................	4,371,143	1,333,199	666,600	666,599			
Caféier................	515	120	1,000	Café.................	130,630k	300,449	150,224	150,225	38,811,800f	32,102,700f	7,227,360f
Cotonnier..............	24	12	2,000	Coton................	6,650	9,975	4,987	4,988			
Cacaoyer..............	330	85		Cacao................	127,500	121,125	60,563	60,562			
Tabac.................	6	"		Tabac................	6,000	14,100	7,050	7,050			
Cultures diverses........	"	"									
Vivres................	12,051	4,688	17,000	Manioc, ignames, choux caraïbes, couscouches, patates, bananes, etc.....	(4) "	(4) "	(4) "	(4) "			
Totaux pour les cultures....	32,491	(1) 5,464	(1) 52,500	....	....	14,585,998	7,292,998	7,293,000			78,141,360f
Savanes...............	22,532	"	"	....	....	"	"	"			
Bois et forêts...........	19,733	"	"	....	....	"	"	"			
Terrains non cultivés	24,026	"	"	....	....	"	"	"			
Total général.........	98,782	"	"	....	....	"	"	"			

(1) Il faut compter, en sus des établissements ruraux, 78 chaufourneries et 11 poteries, qui emploient 1,600 travailleurs; ce qui porte à 54,100 le nombre des bras attachés aux établissements ruraux, indépendamment de 15,000 autres travailleurs non attachés aux cultures.

(2) On compte à la Martinique 59 habitations possédant des moulins à vapeur.

(3) Voici le relevé numérique des différentes espèces d'animaux de trait et du bétail existant dans la colonie en 1862, savoir :

4,067 chevaux ;   14,573 taureaux et bœufs ;   3,232 boucs et chèvres ;
462 ânes ;   9,509 béliers et moutons ;   12,145 cochons.
4,531 mulets ;

(4) L'état colonial n'a fourni, pour 1862, aucun renseignement sur les quantités et valeurs des produits de cette branche de culture ; l'état analogue pour 1861 les évaluait à 4,169,600 francs. Pour les quantités et valeurs des quatre années antérieures, voir le tableau n° 12, page 36.

N° 14. — (Guadeloupe et dépendances.) — Tableau détaillé des cultures pour l'année 1862.

DÉSIGNATION DES CULTURES.	NOMBRE D'HECTARES en culture.	NOMBRE D'HABITATIONS rurales.	NOMBRE de TRAVAILLEURS employés aux cultures.	PRODUITS BRUTS DES CULTURES [2].	
Canne à sucre	18,656	462 [1]	43,215	Sucre brut	35,043,069 k
				Sucre terré	"
				Sirops et mélasses	1,982,060 l
				Tafia	4,703,039
Caféier	1,862	427	4,306	Café	650,526 k
Cotonnier	381	49	910	Coton	36,658
Cacaoyer	390	35	256	Cacao	10,802
Giroflier	7	"	"	Girofle	215
Vanillier	"	"	"	Vanille	275
Cassier	"	"	"	Casse	1,044
Tabac	17	6	14	Tabac	7,335
Mûrier et fourrage	"	3	8		"
Rocouyer	226	8	289	Rocou	190,400
Nopal	"	1	"	Cochenille	"
Vivres { Manioc........ 3,729 h / Autres........ 3,582 }	7,311	4,745	14,522	Manioc	2,552,637
				Autres vivres	4,322,511
Totaux pour les cultures	28,850	5,736 [3]	63,520		
Savanes	17,604	"	"	Campêche	385,358
Bois et forêts	37,144	"	"	Poterie	808,510
Terrains non cultivés	80,915	"	"	Sel	976,900
Total général	164,513	"	"		

[1] Sur ces 462 habitations rurales, 72 possèdent des moulins à vapeur; 137, des moulins à eau; 194, des moulins à vent; 8, des moulins à bêtes; 42 plantations sans usine sont exploitées par neuf usines centrales à vapeur sans plantations.

[2] Quant à la valeur de ces produits, l'administration de la Guadeloupe n'a pu encore fournir ce renseignement pour 1862. (Voir dans la *Notice statistique* publiée en 1837 sur la Guadeloupe, page 206, l'évaluation détaillée qui y est donnée du capital représenté par les propriétés rurales de la colonie.)

[3] Voici le relevé numérique des différentes espèces d'animaux de trait et du bétail existant dans la colonie en 1862 :

3,787 chevaux ;   5,204 mulets ;
441 ânes ;   7,829 taureaux et bœufs ;
3,914 buffles et vaches ;   8,155 boucs et chèvres ;
9,275 béliers et moutons ;   14,633 cochons.

L'état des cultures évalue pour cette année :

Les terres employées aux cultures, à .... 38,169,026 f
Les bâtiments et le matériel d'exploitation, à 35,478,735
Les animaux de trait et le bétail, à 8,143,166

Ensemble 81,790,927

N° 15. — (Guyane française.) — *Tableau détaillé des cultures pour l'année 1862.*

DÉSIGNATION DES CULTURES.	NOMBRE D'HECTARES en culture.	NOMBRE D'HABITATIONS rurales.	NOMBRE DE TRAVAILLEURS employés aux cultures.	PRODUITS DES CULTURES. NATURE des produits.	QUANTITÉS.	VALEUR brute.	ESTIMATION approximative des frais d'exploitation.	VALEUR nette.	VALEUR APPROXIMATIVE DES PROPRIÉTÉS RURALES. Valeur des terres employées aux cultures.	Valeur des bâtiments et du matériel d'exploitation.	Valeur des animaux de trait et du bétail. (²)
				Sucre brut	501,577^{k}						
Canne à sucre	447	14	1,328	Sirops et mélasses	"	393,727^{f}	205,205^{f}	98,432^{f}			
				Tafia	250,788^{l}						
Caféier	504	60	608	Café	84,838^{k}	196,824	147,603	49,221			
Cotonnier	27	5	66	Coton	3,375	10,125	7,594	2,531			
Cacaoyer	144	12	166	Cacao	43,200	49,680	37,260	12,420			
Girofler	195	22	109	Girofle	21,450	15,015	11,261	3,754			
Rocouyer	955	375	1,744	Rocou	359,031	323,128	242,346	80,782	2,212,282^{f}	3,542,850^{f}	1,045,220^{f}
Poivrier	2	"	"	Poivre	100	300	225	75			
Vanillier	1	"	"	Vanille	15	1,200	900	300			
Muscadier	1	"	"	Muscade	25	150	112	38			
Cocotier	4	2	"	....	"	"	"	"			
Ricin et autres graines oléagineuses	15	"	"	....	"	"	"	"			
Fourrage	67	"	"	Fourrage	200,000	5,000	3,750	1,250			
Vivres	3,076	678	4,251	Manioc, riz, maïs, bananes, etc.	2,689,582	1,452,374	1,087,531	364,843			
Totaux	5,438	(¹) 1,168	(²) 8,272	....	....	2,447,523	1,833,877	613,646		6,800,352^{f}	

(¹) Indépendamment des habitations à culture, on compte encore dans la colonie 180 *hattes*, 3 *briqueteries* et 23 *chantiers*, 25 *porcheries* et 18 *exploitations aurifères*, qui emploient ensemble 1,506 travailleurs, ce qui porte à 9,778 le nombre total des bras attachés aux établissements ruraux. — Il existe dans la colonie 15 moulins à vapeur propres aux sucreries.

(²) On n'a compris dans cette colonne que les travailleurs employés aux cultures par suite de contrat d'engagement.

(²) Voici le relevé numérique des différentes espèces d'animaux de trait et du bétail existant dans la colonie en 1862 :

105 chevaux;
20 ânes;
66 mulets;
878 béliers et brebis;
3,106 vaches;
1,164 taureaux et bœufs;
1,063 génisses;
1,145 veaux;
4,365 cochons.

N° 16. — (RÉUNION.) — *Tableau détaillé des cultures pour l'année 1862.*

DÉSIGNATION DES CULTURES.	NOMBRE D'HECTARES en culture.	NOMBRE D'HABITATIONS rurales.	NOMBRE DE TRAVAILLEURS employés aux cultures.	NATURE des produits.	QUANTITÉS.	VALEUR brute.	ESTIMATION approximative des frais d'exploitation.	VALEUR nette.	Valeur des terres employées aux cultures.	Valeur des bâtiments et du matériel d'exploitation.	Valeur des animaux de trait et du bétail. (⁴)
Canne à sucre	48,353	(¹) 114		Sucre brut	68,541,663 k						
				Sucre terré	600,000	37,351,442 f	16,729,618 f	20,621,824 f			
				Sirops et mélasses	6,505,760						
				Tafia	3,579,311						
Caféier	1,971	378		Café	448,460	730,370	355,857	374,513			
Cacaoyer	21		71,452	Cacao	1,100	2,350	587	1,763			
Vanillier	520			Vanille	18,605	741,525	258,375	483,150			
Giroflier	247			Girofle	5,000	3,300	840	2,460			
Tabac	687			Tabac	537,710	822,420	349,870	472,550	182,139,321 f	49,600,575 f	17,094,192 f
Cotonnier	26			Coton	350	300	75	225			
Embrevades	1,575	7,225		Embrevades (²)	1,012,000	296,400	138,375	158,025			
Blé	10			Blé (²)	10,000	4,500	2,000	2,500			
Riz	73			Riz (²)	115,500	42,750	9,300	33,450			
Vivres du pays	20,264			Maïs, manioc, songes et patates douces	19,042,975	6,077,445	3,612,105	2,465,340			
Cultures diverses	3,716			Haricots, pommes de terre et jardinage, etc. (²)	4,856,500	1,262,350	470,249	792,101			
Totaux pour les cultures	77,463	(²) 7,717	(³) 71,452		"	47,335,152	21,927,251	25,407,901	248,834,088 f		
Savanes	19,685	"	"		"	"	"	"			
Bois et forêts	40,977	"	"	Sacs de vacoua (nombre)	1,706,000	726,750	355,000	371,750			
Terrains non cultivés	93,425	"	"		"	"	"	"			
Total général	231,550	"	"		"	48,061,902	22,282,251	25,779,651			

(¹) Le nombre des habitations possédant des moulins à vapeur n'a pas été indiqué pour 1862.

(²) Indépendamment des habitations à culture, on compte encore dans la colonie 32 guildiveries.

(³) Aux 71,452 travailleurs, qui figurent dans cette colonne et constituent la partie active des ateliers, il faut ajouter 9,594 ouvriers, 8,764 domestiques, plus 2,975 gardiens; ce qui porte le nombre total à 92,785. Le document colonial n'a pas donné pour 1862 la répartition des travailleurs par genre de culture.

(⁴) Voici le relevé numérique des différentes espèces d'animaux de trait et du bétail recensés dans la colonie en 1862 :

4,066 chevaux;   8,810 mulets;

913 ânes;   5,757 taureaux et bœufs;

6,723 béliers et moutons;   52,911 cochons.

24,831 boucs et chèvres;

(⁵) Nous comprenons sous la dénomination de *vivres*, dans le tableau général récapitulatif des cultures, outre les racines du pays, les articles *maïs, blé, riz, pommes de terre, haricots* et *embrevades*.

N° 17. — (Établissements français dans l'Inde. — Pondichéry.) — *Tableau détaillé des cultures pour l'année 1862.*

DÉSIGNATION DES CULTURES.	NOMBRE D'HECTARES en culture.	NOMBRE D'HABITA-TIONS rurales.	PRODUITS DES CULTURES.	QUANTITÉS.	VALEUR BRUTE.
Cocotiers (1)............	"	"	Noix de coco..........	1,636,320[a]	65,453[f]
			Calou.................	1,447,455[l]	172,111
			Huile de coco.........	138,800	62,460
Riz...................	6,439	"	Riz en paille..........	13,199,926[k]	821,329
Menus grains..........	9,653	"	Menus grains..........	9,860,796	613,561
Potagers..............	279	"	Légumes..............	1,369,825	87,669
Bétel.................	28	"	Bétel en feuilles sèches..	345,009	39,430
Tabac................	4	"	Tabac	4,480	1,075
Indigotiers............	1,083	(2) 99	Indigo en feuilles sèches.	6,309,941	176,673
Canne à sucre	9	"	Cannes. (Nombre.).....	345,000	10,350
Cotonnier	4	"	Coton en laine.........	643	193
Arbres fruitiers et halliers.	2,516	"	Huiles { de gingély	65,231[l]	26,310
			de palma-christi	3,431	1,029
			d'iloupé......	32,906	9,889
			Fruits...............	"	46,139
Totaux............	(3)20,015	99			2,133,676

(1) Voir, dans la statistique publiée pour 1850, la note 1 du tableau 17.

(2) On compte encore dans les districts de Pondichéry et de Karikal quelques autres établissements industriels, dont voici le nombre et la valeur approximative du matériel d'exploitation. Nous fournissons aussi ce dernier renseignement en ce qui concerne les indigoteries et les sucreries.

Pondichéry...		
99 indigoteries......	124,740[f]	
73 teintureries......	10,512	
161 huileries......	22,343	957,595[f]
2 filatures......	800,000	
1 magnanerie......	"	

Karikal.....		
4 teintureries......	960	
1 indigoterie......	720	
4 savonneries......	5,280	17,616
88 huileries......	10,656	

(3) La valeur approximative des terres employées aux cultures est de 9,480,009 francs pour Pondichéry, de 4,032,759 francs pour Karikal, de 20,160 francs pour Yanaon et de 2,606,000 francs pour Mahé.

Voici, d'ailleurs, le relevé numérique des différentes espèces d'animaux de trait et du bétail existant, en 1862, dans les divers districts :

	CHE-VAUX.	ÂNES.	BŒUFS.	BUFFLES.	BÉLIERS et moutons.	BOUCS et chèvres.	COCHONS.	VALEUR.
Pondichéry............	85	311	21,965	3,445	18,680	737	669	935,757[f]
Karikal..............	"	"	11,320	4,020	3,780	4,610	"	431,556
Yanaon..............	"	"	420	412	62	18	"	22,347
Mahé................	"	"	579	"	"	91	12	14,100
Totaux........	85	311	34,284	7,877	22,522	5,456	681	1,403,760

In the left designation column of the first table the bracket groups the cultures under the heading: 1° Pondichéry.

N° 17. (Suite.) — (ÉTABLISSEMENTS FRANÇAIS DANS L'INDE. — KARIKAL, YANAON et MAHÉ.) — *Tableau détaillé des cultures pour l'année 1862.*

	DÉSIGNATION DES CULTURES.	NOMBRE D'HECTARES en culture.	NOMBRE D'HABITATIONS rurales.	PRODUITS DES CULTURES.	QUANTITÉS.	VALEUR BRUTE.
2° KARIKAL.	Cocotiers (1)	"	"	Noix de coco	14,465[n]	4,188[f]
				Calou.................	636,765[l]	65,475
				Huile de coco..........	537,994[k]	410,619
	Riz..................	7,181	"	Riz..................	7,601,336	581,631
	Menus grains..........	643	"	Menus grains..........	251,630	38,761
	Potagers	118	"	Légumes	"	12,052
	Bétel................	19	"	Bétel en feuilles sèches..	89,088	65,216
	Tabac...............	52	"	Tabac...............	957	578
	Indigotiers..........	46	(2) 1	Indigo...............	156,480	3,212
				Fruits...............	"	8,708
	Arbres fruitiers et halliers	311	"	Huiles { de gingély.....	4,207[l]	4,737
				de palma-christi	1,650	1,842
				d'iloupé......	8,790	6,600
	TOTAUX.......	(3) 8,370	1			1,203,619
3° YANAON.	Cocotiers (1)...........	"	"	Noix de coco...........	7,100[n]	256
	Riz..................	771	"	Calou.................	45,500[l]	1,687
	Menus grains..........	974	"	Riz en paille	480,000[k]	14,400
				Menus grains..........	76,800	5,760
	TOTAUX.......	(3) 1,745	"			22,103
4° MAHÉ.	Cocotiers (1)	"	"	Noix de coco	1,145,000[n]	61,000
				Huile................	13,500[l]	96,000
				Calou................	363,000	18,400
				Arack................	25,000[k]	11,240
				Jagre................	38,000	9,600
	Riz..................	1,469	"	Riz..................	455,800	51,600
	Arbres fruitiers et halliers.	(3) 3,985	"	Poivre...............	26,500	17,800
				Fruits...............	"	4,700
	TOTAUX.......	5,454	"			270,340

(1) (2) (3) Voir les notes de la page 42.

COMMERCE.

N° 18. — *Tableau comparatif du commerce que la France a fait, par ses propres navires, d'une part avec les colonies, d'autre part avec l'étranger, pendant les années 1857 à 1861 et pendant l'année 1862.*

(D'après les tableaux annuels du commerce publiés par l'Administration des douanes métropolitaines.)

COMMERCE GÉNÉRAL.

(Valeurs exprimées en millions.)

	VALEURS OFFICIELLES.						VALEURS ACTUELLES.					
	1857.	1858.	1859.	1860.	1861.	1862.	1857.	1858.	1859.	1860.	1861.	1862.
IMPORTATIONS.												
Navires français, Navigation réservée — Colonies françaises (¹)	68.7	75.9	79.9	84.2	90.5	88.6	104.6	74.2	78.5	90.6	90.6	80.5
Autres possessions françaises hors d'Europe (²)	77.1	74.1	70.5	73.0	80.7	60.8	63.7	54.4	52.6	76.0	86.3	62.3
Grande pêche	9.2	9.3	7.8	7.7	7.0	7.7	20.2	18.0	15.5	16.7	17.2	16.0
Total	155.0	159.3	158.2	164.9	179.1	157.1	188.5	146.6	146.6	183.3	194.1	158.8
Navigation de concurrence	589.1	496.4	524.7	575.5	592.0	595.7	706.5	550.8	602.0	639.0	681.1	700.1
Total	744.1	655.7	682.9	740.4	771.1	752.8	895.0	697.4	748.6	822.3	875.2	858.0
étrangers	703.6	740.6	758.8	851.0	1,150.4	936.4	954.5	787.8	831.8	945.3	1,305.6	1,068.6
Totaux	1,537.7	1,396.3	1,441.7	1,591.4	1,921.5	1,689.2	1,849.5	1,485.2	1,580.4	1,767.6	2,180.8	1,927.5
EXPORTATIONS.												
Navires français, Navigation réservée — Colonies françaises (¹)	76.7	85.5	71.0	77.7	83.5	76.5	69.9	79.4	70.3	73.7	76.4	77.8
Autres possessions françaises hors d'Europe (²)	141.5	153.4	184.5	209.2	191.0	177.0	108.6	117.2	167.9	171.2	152.1	146.7
Grande pêche	6.3	6.8	7.1	8.0	5.8	6.9	6.5	6.9	7.7	8.3	6.5	6.5
Total	224.5	245.7	262.6	294.9	280.3	260.4	185.0	203.5	245.9	253.2	235.0	231.0
Navigation de concurrence	593.6	621.0	626.8	719.8	677.7	735.9	732.1	705.6	740.8	829.6	739.3	797.5
Total	818.1	866.7	889.4	1,014.7	958.0	996.3	917.1	909.1	986.7	1,082.8	974.3	1,028.5
étrangers	950.3	951.3	1,188.2	1,189.3	950.6	1,134.4	1,063.4	997.7	1,318.2	1,269.1	966.8	1,171.2
Totaux	1,768.4	1,818.0	2,077.6	2,204.0	1,908.6	2,130.7	1,980.5	1,906.8	2,304.9	2,351.9	1,941.1	2,199.7
IMPORTATIONS ET EXPORTATIONS RÉUNIES.												
Navires français, Navigation réservée — Colonies françaises (¹)	145.4	161.4	150.9	161.9	174.0	165.1	174.5	153.6	148.8	164.3	167.0	158.3
Autres possessions françaises hors d'Europe (²)	218.6	227.5	255.0	282.2	271.7	237.8	172.3	171.6	220.5	247.2	238.4	209.0
Grande pêche	15.5	16.1	14.9	15.7	13.7	14.6	26.7	24.9	23.2	25.0	23.7	22.5
Total	379.5	405.0	420.8	459.8	459.4	417.5	373.5	350.1	392.5	436.5	429.1	389.8
Navigation de concurrence	1,182.7	1,117.4	1,151.5	1,295.3	1,269.7	1,331.6	1,438.6	1,256.4	1,342.8	1,468.6	1,420.4	1,497.6
Total	1,562.2	1,522.4	1,572.3	1,755.1	1,729.1	1,749.1	1,812.1	1,606.5	1,735.3	1,905.1	1,849.5	1,887.4
étrangers	1,743.9	1,691.9	1,947.0	2,040.3	2,101.0	2,070.8	2,017.9	1,785.5	2,150.0	2,214.4	2,272.4	2,239.8
Totaux	3,306.1	3,214.3	3,510.3	3,795.4	3,830.1	3,810.9	3,830.0	3,392.0	3,885.3	4,119.5	4,121.9	4,127.2

(¹) Ile de la Réunion, Cayenne, Martinique et Guadeloupe.

(²) Algérie, Sénégal, Établissements français dans l'Inde et Sainte-Marie de Madagascar, Mayotte et Nossi-Bé.

N° 19. — *Tableau général du commerce des colonies et pêcheries françaises avec la France, entre elles et avec l'étranger, pendant l'année 1862.*

LIEUX DE PROVENANCE ET DE DESTINATION.	COLONIES À CULTURES.					SÉNÉGAL.		SAINT-PIERRE et MIQUELON.	ÉTABLISSEMENTS français dans l'Inde.	TOTAL GÉNÉRAL.	OBSERVATIONS.
	MARTINIQUE.	GUADELOUPE.	GUYANE FRANÇAISE.	RÉUNION.	TOTAL.	SAINT-LOUIS.	GORÉE.				
	fr.	fr.	fr.	fr.	fr.	fr.	fr.	fr.	fr.	fr.	
1° Importations — de France (¹)	20,074,822	16,842,920	5,494,516	25,602,358	68,014,616	4,860,204	3,571,348	1,340,211	651,289	78,437,668	(¹) Les chiffres relatifs au commerce des colonies françaises avec *la France* sont extraits (à l'exception de ceux qui concernent Saint-Pierre et Miquelon, lesquels sont empruntés aux états dressés dans cette colonie) du *Tableau général du commerce de la France avec ses colonies et les puissances étrangères pendant l'année 1862*, publié par l'Administration des douanes de la métropole. Par conséquent, ils ont pour base les *valeurs moyennes* établies par l'ordonnance du 29 mai 1826 (voir ci-après la note 2 du tableau n° 22), et présentent la valeur des marchandises au moment du départ de France, pour celles dont la valeur figure ci-contre dans les *importations*, et au moment de l'arrivée en France, pour celles qui figurent dans les *exportations*.
des colonies et pêcheries françaises	2,559,439	2,543,630	11,685	3,859,223	8,973,977	227,390	702,874	42,097	650,493	10,596,831	Nous donnons, à partir de l'année 1848, au bas des états détaillés du commerce de la métropole avec les diverses colonies, les *valeurs actuelles* des importations et des exportations. Ces dernières valeurs sont soumises, chaque année, à une révision.
de l'étranger et des entrepôts de France	7,125,008	5,551,120	3,488,314	20,153,453	36,317,895	3,752,240	2,903,799	2,146,455	6,391,186	51,511,575	Les exportations et les importations en numéraire ne figurent point dans ces chiffres, qui ne représentent que la valeur des marchandises.
TOTAL des importations	29,759,269	24,937,670	8,994,515	49,615,034	113,306,488	8,839,834	7,178,021	3,528,763	7,692,968	140,546,074	Quant aux chiffres relatifs au *commerce des colonies avec les colonies et pêcheries françaises et avec l'étranger*, ils sont extraits des états de commerce dressés et transmis par les administrations coloniales pour l'année 1862.
2° Exportations — pour la France (¹)	19,983,953	20,661,968	1,081,515	46,782,015	88,509,451	6,796,915	5,389,578	1,134,472	18,166,076	119,096,492	(²) Les mouvements des entrepôts des colonies pour 1862 sont compris dans ces chiffres. (Voir, au surplus, ci-après, pages 60, 74, 86, 96 et 108.)
pour les colonies et pêcheries françaises	894,969	1,130,495	113,571	616,417	2,755,452	214,022	1,069,250	2,944,883	2,147,668	9,131,275	
pour l'étranger	1,232,726	1,120,067	196,900	3,208,090	5,757,783	435,657	1,872,624	1,188,643	9,066,856	18,321,563	
TOTAL des exportations	22,111,648	22,912,530	1,391,986	50,606,522	97,022,686	7,446,504	8,331,452	5,267,998	29,380,600	147,449,330	
3° Importations et exportations réunies — Commerce avec la France	40,058,775	37,504,888	6,576,031	72,384,373	156,524,067	11,657,119	8,960,926	2,474,683	18,817,365	198,434,160	
Commerce avec les colonies et pêcheries françaises	3,454,408	2,674,125	125,256	4,475,640	11,729,429	441,412	1,772,124	2,986,980	2,798,161	19,728,106	
Commerce avec l'étranger	8,357,734	6,671,187	3,685,214	23,361,543	42,075,678	4,187,897	4,776,423	3,335,098	15,458,042	69,833,138	
TOTAL des importations et des exportations	51,870,917	47,850,200	10,386,501	100,221,556	210,329,174	16,286,428	15,509,473	8,796,761	37,073,568	287,995,404	

Nº 20. — (MARTINIQUE.) — *Tableau général de la valeur des importations et des exportations de l'année 1862.*

(D'après les tableaux publiés annuellement par l'Administration des douanes de France et les états de la douane coloniale.)

1º COMMERCE ENTRE LA FRANCE ET LA MARTINIQUE.

Exportations de France pour la colonie. (Commerce spécial.) [1]................ [2] 20,074,822ᶠ
Importations de la colonie en France. (Commerce général.) [1]................ [2] 19,983,953
[3] [4] 40,058,775ᶠ

2º COMMERCE DE LA MARTINIQUE AVEC LES AUTRES COLONIES ET PÊCHERIES FRANÇAISES.

Importations des colonies et pêcheries françaises................ 2,559,430ᶠ

Exportations pour les autres colonies et pêcheries françaises.
- Denrées et marchandises de la colonie................ 14,364ᶠ
- Denrées et marchandises provenant de l'importation....
  - Françaises........... 654,785ᶠ
  - Étrangères.......... 225,820
  - 880,605
- 894,969

[1] 3,454,408

3º COMMERCE DE LA MARTINIQUE AVEC L'ÉTRANGER.

Importations en marchandises étrangères.
- Par navires français....
  - Des entrepôts de France.. 1,244,970ᶠ
  - De l'étranger directement. 1,358,918
  - 2,603,888ᶠ
- Par navires étrangers................ 4,521,120
- 7,125,008ᶠ

Exportations pour l'étranger.
- Denrées et marchandises de la colonie................ 38,556
- Denrées et marchandises provenant de l'importation....
  - Françaises........... 1,041,387ᶠ
  - Étrangères........... 152,783
  - 1,194,170
- 1,232,726

[4] 8,357,734

TOTAL GÉNÉRAL................ [4] 51,870,917

---

[1] On classe, en France, sous le titre de *commerce spécial* : 1º dans l'*exportation*, les marchandises *françaises* exportées ; 2º dans l'*importation*, tout ce qui a été importé définitivement, c'est-à-dire mis en consommation sous le payement des droits.

Sous le titre de *commerce général*, on comprend : 1º dans l'*importation*, tout ce qui est arrivé par navires français ou par navires étrangers, sans égard à la destination ultérieure des marchandises, soit pour la consommation, soit pour le transit, soit pour l'entrepôt ; 2º dans l'*exportation*, les marchandises *françaises* et *étrangères* exportées. (Voir, d'ailleurs ci-dessus, page 49, la note 1 du tableau nº 19.)

[2] Ces chiffres représentent, en *valeurs actuelles*........
- Exportations.......... 19,460,432ᶠ
- Importations.......... 22,212,077
- 41,673,409ᶠ

[3] Dans ce chiffre n'est pas comprise la valeur des exportations et importations en numéraire pour 1862 ; les premières ont été nulles et les dernières de 31,326 francs.

[4] Les mouvements des entrepôts de la Martinique sont compris dans ces chiffres ; le tableau ci-dessus représente, en conséquence, l'ensemble du commerce de la colonie en 1862.

N° 21. — (MARTINIQUE.) — *État détaillé, en quantités et valeurs, des denrées et marchandises exportées de France pour la colonie en 1862.*

(D'après le tableau de la douane de France. — Commerce spécial.) [1]

DÉSIGNATION des DENRÉES ET MARCHANDISES.	ESPÈCE des UNITÉS.	QUANTITÉS EXPORTÉES de France pour la Martinique.	VALEUR des EXPORTATIONS de France pour la Martinique.
Chevaux et juments	Tête.	42	15,260
Mules et mulets	Idem.	25	7,500
Viandes salées	Kilogr.	67,477	47,234
Fromages	Idem.	74,417	52,092
Beurre salé	Idem.	377,067	509,040
Graisses	Idem.	28,133	20,962
Morue	Idem.	378,216	75,643
Poissons marinés ou à l'huile	Idem.	15,807	39,518
Maïs en grains	Quintal.	850	11,815
Avoine	Idem.	2,532	64,566
Farine de froment	Idem.	24,857	497,140
Pain et biscuit de mer	Kilogr.	139,337	34,834
Riz en grains	Idem.	99,287	39,715
Pommes de terre	Idem.	332,027	19,922
Légumes secs et leurs farines	Idem.	844,124	211,031
Pâtes d'Italie	Idem.	66,725	40,035
Fruits de table confits	Idem.	22,588	22,588
Fruits oléagineux	Idem.	22,570	18,056
Sirops, confitures et bonbons	Idem.	16,141	29,054
Tabac en feuilles	Idem.	51,220	10,244
Huiles fixes { d'olive	Idem.	581,690	988,873
Huiles fixes { autres	Idem.	194,895	205,925
Bois feuillard	Brin.	1,360,367	122,433
Bulbes ou oignons	Kilogr.	47,155	33,009
Tourteaux de graines oléagineuses	Idem.	1,946,045	116,763
Tuiles, briques et carreaux de terre	Pièce.	753,538	37,676
Houille crue	Quintal.	70,022	105,033
Fer	Kilogr.	180,993	56,477
Cuivre pur	Idem.	35,929	90,367
Plomb battu ou laminé	Idem.	28,554	15,705
Zinc laminé	Idem.	36,211	28,969
Acide stéarique en masse	Idem.	37,074	74,148
Sel de marais ou de saline	Quintal.	4,618	13,854
Indigo	Kilogr.	471	9,655
Couleurs	Valeur.	"	126,894
Parfumerie	Kilogr.	27,786	194,502
Médicaments composés	Idem.	35,503	328,055
Savons ordinaires	Idem.	361,707	217,024
Acide stéarique ouvré	Idem.	112,361	561,805
Chandelles	Idem.	246,973	308,716
Tabac fabriqué	Idem.	3,071	19,654
Sucre raffiné	Idem.	313,577	375,292

[1] Voir la note du tableau 20, page 50.

DÉSIGNATION des DENRÉES ET MARCHANDISES.	ESPÈCE des UNITÉS.	QUANTITÉS EXPORTÉES de France pour la Martinique.	VALEUR des EXPORTATIONS de France pour la Martinique.
Vins... ordinaires...... de la Gironde...........	Litre.	582,513	246,703
Vins... ordinaires...... d'ailleurs.............	Idem.	2,118,817	485,003
Vins... de liqueur....................	Idem.	150,731	226,096
Vinaigre de vin ou de bois................	Idem.	66,755	27,956
Bière.....................	Idem.	84,383	25,673
Eaux-de-vie... (alcool) de vin..........	Idem.	45,518	29,587
Eaux-de-vie... (alcool) autres	Idem.	48,687	29,660
Liqueurs.....................	Idem.	11,406	34,218
Vitrifications...................	Valeur.	"	670,684
Fils de toute sorte..................	Idem.	"	57,356
Tissus...... de lin ou de chanvre...........	Idem.	"	2,171,768
Tissus...... de soie..................	Idem.	"	835,310
Tissus...... de laine................	Idem.	"	302,901
Tissus...... de coton................	Idem.	"	3,424,452
Papier et ses applications...........	Idem.	"	198,356
Peaux préparées.................	Idem.	"	170,212
Nattes ou tresses pour paillassons...........	Idem.	"	23,408
Ouvrages en peau ou en cuir..............	Idem.	"	1,695,076
Chapeaux..... de feutre................	Idem.	"	19,073
Chapeaux..... de paille, d'écorce ou de sparte...........	Idem.	"	15,787
Vannerie.....................	Idem.	"	31,492
Liége ouvré...................	Idem.	"	11,005
Orfévrerie d'argent.................	Idem.	"	19,049
Bijouterie d'or..................	Idem.	"	74,340
Machines et mécaniques..............	Idem.	"	60,785
Coutellerie....................	Idem.	"	46,332
Armes de traite, blanches..............	Idem.	"	24,450
Outils.....................	Idem.	"	51,060
Ouvrages en divers métaux.............	Idem.	"	451,432
Voitures suspendues................	Idem.	"	19,350
Agrès et apparaux de navires............	Idem.	"	20,222
Mercerie....................	Idem.	"	930,506
Modes (Ouvrages de)...............	Idem.	"	89,153
Futailles vides..................	Idem.	"	308,050
Meubles de toutes sortes..............	Idem.	"	88,508
Parapluies et parasols en soie............	Idem.	"	55,229
Pièces de lingerie cousues.............	Idem.	"	148,840
Habillements.. neufs.............	Idem.	"	571,760
Habillements.. vieux.............	Idem.	"	113,600
Denrées et marchandises non dénommées ci-dessus...........	Idem.	"	473,302
VALEUR TOTALE des exportations de France pour la Martinique (¹)...................	....	....	(²) 20,074,822

(¹) Il n'a été constaté, en 1862, aucune exportation en numéraire de de France pour la colonie.

(²) Cette somme représente, en *valeurs actuelles*, celle de 19,460,432 francs.

N° 22. — (MARTINIQUE.) — *État détaillé, en quantités et valeurs, des denrées et marchandises importées de la colonie en France en 1862.*

(D'après le tableau de la douane de France. — Commerce général.) [1]

DÉSIGNATION des DENRÉES ET MARCHANDISES.	ESPÈCE des UNITÉS.	QUANTITÉS IMPORTÉES de la Martinique en France.	VALEUR des IMPORTATIONS de la Martinique en France. [2]
Peaux brutes, grandes.........................	Kilogr.	112,447	137,185ᶜ
Écailles de tortue.............................	Idem.	146	8,176
Fruits de table confits, sans sucre ni miel	Idem.	16,892	15.207
Sucre brut des colonies françaises.....................	Idem.	28,530,133	17,118,080
Sirops, confitures et bonbons.....................	Idem.	5,650	10,170
Cacao..................................	Idem.	307,840	277,056
Café..................................	Idem.	12,326	19,722
Casse sans apprêt..........................	Idem.	171,659	257,489
Bois de teinture...........................	Idem.	553,101	110,620
Cendres et regrets d'orfèvre.....................	Idem.	600	18,000
Cuivre pur de première fusion.....................	Idem.	22,192	44,384
Sucre raffiné.............................	Idem.	92,574	111,089
Eau-de-vie de mélasse. (Rhum et tafia).................	Litre.	2,997,315	1,798,389
Liqueurs...............................	Idem.	5,083	15,249
Denrées et marchandises non dénommées ci-dessus...........	Valeur.	"	43,137
VALEUR TOTALE des importations de la Martinique en France [3].................	....	....	[4] 19,983,953

[1] Voir la note 1 du tableau n° 20, page 50.

[2] Les valeurs assignées ici aux produits coloniaux sont celles que donne le tarif officiel arrêté en France en 1826. Il est inutile de faire remarquer qu'elles sont loin, notamment à l'égard du sucre, d'être en rapport avec les prix de ces mêmes produits sur les marchés des colonies, et même dans les entrepôts de France, en 1862.

[3] Il a été constaté en outre, pour 1862, une importation en numéraire de 81,326 francs.

[4] Cette somme représente, en *valeurs actuelles*, celle de 22,212,977 francs.

N° 23. — (MARTINIQUE.) — *État détaillé, en quantités et valeurs* (¹)*, des denrées et marchandises qui ont été l'objet du commerce de la colonie avec les autres colonies et pêcheries françaises en 1862.*

1° Importations des colonies et pêcheries françaises.

DÉSIGNATION des DENRÉES ET MARCHANDISES.	ESPÈCE des UNITÉS.	QUANTITÉS IMPORTÉES des colonies et pêcheries françaises à la Martinique.	VALEUR des IMPORTATIONS des colonies et pêcheries françaises à la Martinique.
Viandes salées de porc...............................	Kilogr.	20,882	17,052ᶠ
Beurre salé...................................	Idem.	4,337	9,699
Engrais	Idem.	852,051	181,065
Morue..	Idem.	4,275,749	1,763,318
Farine de froment.............................	Idem.	293,080	201,357
Riz en grains.................................	Idem.	338,928	101,883
Bois communs	Valeur.	"	20,405
Rocou. (Graines de)...........................	Kilogr.	8,832	8,166
Savons ordinaires.............................	Idem.	13,209	12,847
Sucre raffiné.................................	Idem.	22,148	26,087
Vins ordinaires en futailles..................	Litre.	29,269	8,912
Vitrifications................................	Valeur.	"	10,379
Tissus de coton	Idem.	"	27,450
Futailles vides montées.......................	Idem.	"	26,249
Denrées et marchandises non dénommées ci-dessus............	....	"	144,570
VALEUR TOTALE des importations des colonies françaises à la Martinique.................	....	....	(²) 2,559,439

(¹) La répartition de ces valeurs par colonie et pêcherie se trouve indiquée ci-après, page 151, dans le tableau n° 73 de la navigation commerciale.

(²) Ce chiffre comprend, indépendamment des marchandises françaises et des marchandises étrangères nationalisées par le payement des droits d'entrée dans les autres colonies, celles de leur propre cru et les marchandises étrangères qui proviennent des entrepôts des mêmes colonies. — Ces dernières marchandises représentent une valeur de 187,949 francs.

2° *Exportations pour les colonies et pêcheries françaises.*

DÉSIGNATION des DENRÉES ET MARCHANDISES.	ESPÈCE des UNITÉS.	EXPORTATIONS DES DENRÉES et marchandises de la colonie.		EXPORTATIONS DES DENRÉES ET MARCHANDISES provenant de l'importation.			
				Françaises (¹).		Étrangères.	
		Quantités.	Valeurs.	Quantités.	Valeurs.	Quantités.	Valeurs.
Viandes salées de porc.........	Kilogr.	"	"	6,328	7,076ᶠ	450	360ᶠ
Morue...................	Idem.	"	"	452,818	203,075	"	"
Farine de froment............	Idem.	"	"	59,260	34,904	52,925	29,634
Riz en grains..............	Idem.	"	"	35,500	11,350	302,685	82,089
Légumes secs..............	Idem.	"	"	22,652	9,442	"	"
Mélasse..................	Litre.	36,005	6,607ᶠ	"	"	"	"
Tabac en feuilles............	Kilog.	"	"	10,655	31,511	22,316	22,243
Huile d'olive..............	Idem.	"	"	7,849	9,670	"	"
Bulbes ou oignons...........	Idem.	"	"	14,253	6,474	10,000	5,000
Cuivre pur laminé...........	Idem.	"	"	5,890	17,672	"	"
Chandelles................	Idem.	"	"	16,202	23,359	"	"
Sucre raffiné...............	Idem.	"	"	8,850	9,315	"	"
Vins ordinaires en futailles.....	Litre.	"	"	145,115	54,468	"	"
Tissus... { de coton.........	Valeur.	"	"	"	61,091	"	71,712
{ de soie...........	Idem.	"	"	"	64,365	"	"
Bijouterie d'or..............	Idem.	"	"	"	9,910	"	"
Effets à usages.............	Idem.	"	"	"	6,870	"	"
Denrées et marchandises non dé-nommées ci-dessus...........	Idem.	"	7,697	....	94,233	....	14,782
Totaux...........	....	....	14,364	....	654,785	....	225,826
Valeur totale des exportations de la Martinique pour les au-tres colonies françaises......	....	....			894,969ᶠ		

(¹) Sous le titre de *marchandises françaises*, on comprend, indépendamment des marchandises nationales, les marchandises étrangères qui ont été *nationalisées* par le payement des droits du tarif métropolitain, préalablement à leur introduction dans la colonie.

N° 24. — (MARTINIQUE.) — *État détaillé, en quantités et valeurs, des denrées et marchandises qui ont été l'objet du commerce de la colonie avec l'étranger en 1862.*

(D'après l'état de la douane coloniale.)

1° Importations en marchandises étrangères.

DÉSIGNATION des DENRÉES ET MARCHANDISES.	ESPÈCE des UNITÉS.	IMPORTATIONS PAR NAVIRES FRANÇAIS.				IMPORTATIONS par NAVIRES ÉTRANGERS.	
		Par extraction des entrepôts de France.		Par extraction directe de l'étranger.			
		Quantités.	Valeurs.	Quantités.	Valeurs.	Quantités.	Valeurs.
			fr.		fr.		fr.
Chevaux et juments..............	Tête.	"	"	70	23,000	85	67,000
Mules et mulets...............	Idem.	"	"	111	34,850	44	33,000
Bœufs, taureaux et vaches, etc..	Idem.	"	"	1,663	528,686	238	37,416
Viandes salées { de bœuf.........	Kilogr.	"	"	8,550	7,403	204,866	125,359
{ de porc.........	Idem.	1,082	2,399	9,055	8,659	233,939	245,851
Saindoux...................	Idem.	"	"	2,447	4,207	51,591	82,408
Fromages..................	Idem.	2,851	5,292	3,487	4,643	3,765	6,357
Morue....................	Idem.	"	"	"	"	468,533	175,575
Autres poissons salés...........	Idem.	3,160	842	3.486	2,299	311,964	69,851
Farine de froment.............	Idem.	155,103	87,586	104,920	65,645	2,178,200	1,245,927
Maïs { Grains...........	Hectolitre.	336	6,170	268	4,586	9,271	164,448
{ Farines..........	Kilogr.	"	"	"	"	41,591	12,808
Biscuit de mes...............	Idem.	1,200	240	9,581	5,137	18,744	12,682
Riz en grains................	Idem.	783,821	233,695	436,027	156,505	105,165	37,529
Pommes de terre.............	Idem.	"	"	34,450	8,269	57,545	11,650
Légumes secs................	Idem.	"	"	4,532	1,126	51,052	15,363
Sucre brut..................	Idem.	"	"	"	"	118,064	51,466
Cacao en fèves...............	Idem.	"	"	"	"	15,351	18,370
Café.....................	Idem.	709	2,129	7,064	21,183	17,090	19,633
Poivre....................	Idem.	6,669	8,503	"	"	809	970
Tabac en feuilles.............	Idem.	"	"	1,761	2,935	204,741	312,941
Huile d'olive................	Idem.	21,339	55,329	"	"	"	"

DÉSIGNATION des DENRÉES ET MARCHANDISES.	ESPÈCE des UNITÉS.	IMPORTATIONS PAR NAVIRES FRANÇAIS.				IMPORTATIONS par NAVIRES ÉTRANGER	
		Par extraction des entrepôts de France.		Par extraction directe de l'étranger.			
		Quantités.	Valeurs.	Quantités.	Valeurs.	Quantités.	Valeurs.
			fr.		fr.		fr.
Bois... { communs............	Valeur.	"	"	"	696	"	451,016
de teinture et d'ébénisterie..........	Idem.	"	"	"	187	"	25,353
Légumes verts..............	Kilog.	400	100	23,724	11,442	50,028	16,535
Bulbes ou oignons...........	Idem.	200	40	28,894	14,447	42,975	18,300
Houille crue...............	Idem.	3,380,430	137,928	8,706,000	355,725	12,460,861	513,500
Fonte brute...............	Idem.	131,791	66,449	"	"	"	"
Fer étiré en barres...........	Idem.	189,789	58,984	52,585	14,396	69,040	18,268
Chandelles.................	Idem.	"	"	"	"	8,646	12,354
Cigares et autres tabacs fabriqués.	Idem.	1,812	19,587	32,858	431	366	4,219
Conserves alimentaires	Idem.	9,142	31,997	"	"	"	"
Eau congelée (glace)..........	Idem.	"	"	"	"	522,000	100,000
Tissus.. { de coton...........	Valeur.	"	292,431	"	3,889	"	77,398
de lin ou de chanvre.	Idem.	"	82,329	"	3,983	"	2,145
de soie	Idem.	"	"	"	"	"	10,487
Chapeaux de paille { dits Panama........	Nombre.	600	8,100	1,981	25,287	8,657	113,865
autres..............	Idem.	"	"	5	20	12,308	44,326
Bijouterie d'or..............	Gramme.	3,000	11,300	"	"	"	"
Instruments aratoires.........	Valeur.	"	51,918	"	1,013	"	1,608
Ouvrages en divers métaux......	Idem.	"	18,894	"	866	"	4,073
Voitures suspendues	Nombre.	"	"	"	"	13	12,616
Ouvrages en bois.............	Valeur.	"	100	"	6,204	"	260,631
Denrées et marchandises non dénommées ci-dessus...........	Idem.	"	62,630	"	40,549	"	87,732
TOTAUX........	....	....	1,244,970	....	1,358,918	....	4,521,120
VALEUR TOTALE des marchandises étrangères importées à la Martinique...........	....	....		7,125,008			

2° Exportations pour l'étranger.

DÉSIGNATION des DENRÉES ET MARCHANDISES.	ESPÈCE des UNITÉS.	EXPORTATIONS EN DENRÉES et marchandises de la colonie.		EXPORTATIONS EN DENRÉES ET MARCHANDISES provenant de l'importation.			
				Françaises (¹).		Étrangères.	
		Quantités.	Valeurs (²)	Quantités.	Valeurs (²)	Quantités.	Valeurs (²)
			fr.		fr.		fr.
Viandes salées de porc.........	Kilogr.	"	"	33,818	31,405	22,708	23,211
Beurre salé................	Idem.	"	"	121,702	279,711	"	"
Guano naturel..............	Idem.	"	"	154,808	30,722	"	"
Morue....................	Idem.	"	"	182,179	75,731	"	"
Farine de froment..........	Idem.	"	"	75,830	46,346	51,210	27,612
Maïs en grains.............	Hectol.	"	"	408	8,144	507	8,628
Riz en grains..............	Kilogr.	"	"	71,719	28,481	21,375	6,198
Légumes secs..............	Idem.	"	"	55,036	16,470	"	"
Gruaux et fécules...........	Idem.	6,900	6,490	"	"	"	"
Sucre brut	Idem.	24,705	11,112	"	"	"	"
Cacao en fèves.............	Idem.	2,119	2,346	"	"	"	"
Huile d'olive..............	Idem.	"	"	113,537	115,262	17,080	43,922
Tamarins..................	Idem.	15,850	6,955	"	"	"	"

(¹) Voir la note (¹) du tableau n° 23, page 55.

(²) La répartition de ces valeurs par lieu de destination se trouve indiquée ci-après, page 153, dans le tableau n° 74 de la navigation commerciale.

DÉSIGNATION des DENRÉES ET MARCHANDISES.	ESPÈCE des UNITÉS.	EXPORTATIONS EN DENRÉES et marchandises de la colonie.		EXPORTATIONS EN DENRÉES ET MARCHANDISES provenant de l'importation.			
				Françaises.		Étrangères.	
		Quantités.	Valeurs.	Quantités.	Valeurs.	Quantités.	Valeurs.
			fr.		fr.		fr.
Bois communs.	Valeur.	"	"	"	9,014	"	4,392
Houille crue................	Kilogr.	"	"	10,000	500	287,000	12,915
Chandelles..................	Idem.	"	"	12,437	18,186	"	"
Vins.. { ordinaires en futailles..	Litre.	"	"	341,015	122,819	"	"
Vins.. { de liqueur..........	Idem.	"	"	15,729	24,873	"	"
Eaux-de-vie de vin...........	Idem.	"	"	5,180	8,168	"	"
Liqueurs....................	Idem.	"	"	13,275	11,937	20	150
Vitrifications...............	Valeur.	"	"	"	17,476	"	200
Ouvrages en peau ou en cuir....	Kilogr.	"	"	7,380	30,140	"	"
Futailles vides démontées......	Valeur.	"	"	"	13,850	"	"
Denrées et marchandises non dé-nommées ci-dessus..........	Idem.	"	11,653	"	152,142	"	25,555
Totaux..........	....	....	38,556	....	1,041,387	....	152,783
Valeur totale des exportations de la Martinique pour l'étranger..............		....	....		1,232,726ᶠ		

N° 25.—(MARTINIQUE.)—*Situation et mouvement des entrepôts de la colonie pendant l'année 1862.*

DÉSIGNATION des DENRÉES ET MARCHANDISES.	ESPÈCE des UNITÉS.	TAUX MOYEN d'évaluation.	MARCHANDISES en entrepôt au 31 décembre 1861.	MARCHANDISES ENTRÉES EN ENTREPÔT — Lieux de provenance.	Valeurs.	TOTAL.	TOTAL GÉNÉRAL.	MARCHANDISES SORTIES DE L'ENTREPÔT — Lieux de destination.	Valeurs.	TOTAL.	Consommation locale.	TOTAL général.	MARCHANDISES restant en entrepôt au 31 décembre 1862.
Viandes salées de porc	Kilogr.	"	"	Boston	9,288f	35,884f	35,884f	Trinité, Barbade et Sᵗᵉ-Lucie	23,289f	24,649f	3,015f	27,664f	8,220f
				Trinité	25,518			Guadeloupe	360				
				France	1,078								
Saindoux	Idem.	"	"	États-Unis	9,861	14,298	14,298	Barbade	4,415	9,684	1,191	10,875	3,423
				Trinité	4,437			Guadeloupe	5,269				
Beurre salé	Idem.	"	"	Le Havre	238,799	242,362	242,362	Trinité	125,110	241,887	475	242,362	"
				Guadeloupe	3,563			Sainte-Lucie	77,425				
								Saint-Vincent	18,431				
								Saint-Christophe	12,696				
								Démérary, Barbade et Dominique	8,225				
Farine de froment	Idem.	"	"	États-Unis	70,204	151,885	151,885	Vera-Cruz	9,600	58,496	88,952	147,448	4,437
				Barbade et Sᵗ-Vincent	70,927			Bolivarville	1,250				
				Bordeaux	1,250			Barbade et Saint-Vincent	17,916				
				Guadeloupe	9,504			Autres pays étrangers	96				
								Guadeloupe	29,634				
Maïs en grains	Hectol.	"	1,700f	Barbade	8,628	8,988	10,688	Trinité	8,628	8,988	1,700	10,688	"
				Bordeaux	360			Guadeloupe	360				
Riz en grains	Kilogr.	"	"	Sincapour	64,821	150,111	150,111	Saint-Christophe	6,198	90,964	46,350	137,314	12,797
				Calcutta	43,902			Saint-Barthélemy	2,677				
				France	20,896			Guadeloupe	82,089				
				Pondichéry	20,492								
Sucre brut autre que blanc	Idem.	"	"	Barbade et Trinité	51,466	51,466	51,466	France	51,466	51,466	"	51,466	"
Cacao en fèves	Idem.	"	"	Trinité	15,260	18,370	18,370	France	18,370	18,370	"	18,370	"
				Sainte-Lucie	3,110								
Café	Idem.	"	336	Barbade	2,078	12,869	13,205	Barbade	4,707	7,727	5,478	13, 05	"
				Sainte-Lucie	7,771			Marseille	3,020				
				Jamaïque	3,020								
Tabac en feuilles	Idem.	"	101,620	New-York	258,162	276,207	377,827	Saint-Vincent	230	42,783	163,082	205,865	171,962
				Trinité, Barbade et Sainte-Lucie	15,461			Le Havre	11,310				
				Saint-Barthélemy	2,584			Guadeloupe	31,243				

MARCHANDISES ENTRÉES EN ENTREPÔT PENDANT L'ANNÉE 1862

DÉSIGNATION des DENRÉES ET MARCHANDISES.	ESPÈCE des UNITÉS.	TAUX MOYEN d'évaluation.	MARCHANDISES en entrepôt au 31 décembre 1861.	Lieux de provenance.	Valeurs.	TOTAL.	TOTAL GÉNÉRAL.
Huile d'olive	Kilogr.	″	53,728f	France	48,813f	73,449f	127,177f
				France (entrepôts)	24,636		
Bois de teinture	Valeur.	″	″	Sainte-Lucie	11,320	11,833	11,533
				Saint-Vincent	513		
Vins ordinaires en futailles	Litre.	″	7,044	Marseille	152,537	155,044	162,088
				Bordeaux	2,507		
Mouchoirs de l'Inde, dits vendapolam	Pièce.	″	29,836	Southampton	13,440	95,316	125,152
				Trinité et Dominique	3,440		
				France	78,436		
Mouchoirs de l'Inde, dits madras	Idem.	″	32,160	Southampton	12,160	47,450	79,610
				Le Havre	35,290		
Articles non dénommés ci-dessus	Valeur.	″	36,478	Grande-Bretagne		318,541	355,019
				St-Stephens (poss°° angl. de l'Amér. du Nord)			
				Bermudes, Trinité, Saint-Vincent			
				Dominique et Ste-Lucie			
				États-Unis			
				Vénézuéla	318,541		
				Loango (côte d'Afrique)			
				Porto-Rico			
				Saint-Thomas			
				Saint-Barthélemy			
				France et entrepôts de France			
				Pondichéry, Cayenne et Guadeloupe			
TOTAUX			262,902		1,664,073	1,664,073	1,926,975

MARCHANDISES SORTIES DE L'ENTREPÔT PENDANT L'ANNÉE 1862

DÉSIGNATION des DENRÉES ET MARCHANDISES.	Lieux de destination.	Valeurs.	TOTAL.	Consommation locale.	TOTAL général.	MARCHANDISES restant en entrepôt au 31 décembre 1862.
Huile d'olive	Surinam	764f	85,587f	40,550f	126,137f	1,040f
	Vera-Cruz	1,400				
	Démérary, Trinité, Grenade, Barbade, Sainte-Lucie et Dominique	81,323				
	Bolivarville	700				
	Guadeloupe	1,400				
Bois de teinture	France	11,355	11,355	″	11,355	478
Vins ordinaires en futailles	Surinam	450	121,909	26,847	148,756	13,332
	Véra-Cruz	35,756				
	Bolivarville	300				
	Saint-Thomas	730				
	Trinité, Barbade et Ste-Lucie	38,215				
	Saint-Pierre et Miquelon	4,155				
	Guadeloupe	41,793				
	Le Havre	450				
Mouchoirs de l'Inde, dits vendapolam	Sainte-Lucie	2,000	54,512	41,412	95,924	29,228
	Guadeloupe	52,512				
Mouchoirs de l'Inde, dits madras	Guadeloupe	19,200	19,200	26,130	45,330	34,280
Articles non dénommés ci-dessus	Grande-Bretagne		255,512	49,745	305,257	49,762
	Trinité, Grenade, Saint-Vincent, Barbade, Antigue, Sainte-Lucie et Dominique					
	Mexique					
	Vénézuéla	255,512				
	Congo					
	Surinam					
	Saint-Thomas					
	France					
	Guadeloupe					
TOTAUX		1,103,089	1,103,089	494,927	1,598,016	328,959

N° 26. — (GUADELOUPE ET DÉPENDANCES.) — *Tableau général de la valeur des importations et des exportations de l'année 1862.*

(D'après les tableaux publiés annuellement par l'Administration des douanes de France et les états de la douane coloniale.)

1° COMMERCE ENTRE LA FRANCE ET LA GUADELOUPE.

Exportations de France pour la colonie. (Commerce spécial.) [1]................. [2] 16,842,920^f }
Importations de la colonie en France. (Commerce général.) [1]................. [2] 20,661,968 } [3] [4] 37,504,888^f

2° COMMERCE DE LA GUADELOUPE AVEC LES AUTRES COLONIES ET PÊCHERIES FRANÇAISES.

Importations des colonies et pêcheries françaises................................ 2,543,630^f }

Exportations pour les autres colonies et pêcheries françaises... { Denrées et marchandises de la colonie.......... 51,911^f } 1,130,495 } 3,674,125^f

Denrées et marchandises provenant de l'importation..... { Françaises.. 1,006,511^f | Étrangères.. 72,073 } 1,078,584 }

3° COMMERCE DE LA GUADELOUPE AVEC L'ÉTRANGER.

Importations en marchandises étrangères. { Par navires français.. { Des entrepôts de France,. 1,153,084^f | De l'étranger directement 1,098,826 } 2,251,910^f } 5,551,120^f

Par navires étrangers........................ 3,299,210 }

Exportations pour l'étranger........... { Denrées et marchandises de la colonie.......... 74,379 } 1,120,067 }

Denrées et marchandises provenant de l'importation..... { Françaises.. 949,998^f | Étrangères.. 95,690 } 1,045,688 }

6,671,187

TOTAL GÉNÉRAL........................... 47,850,200

---

(1) On classe en France, sous le titre de *commerce spécial* : 1° dans l'*exportation*, les marchandises *françaises* exportées; 2° dans l'*importation*, tout ce qui a été importé définitivement, c'est-à-dire mis en consommation sous le payement des droits.

Sous le titre de *commerce général*, on comprend : 1° dans l'*importation*, tout ce qui est arrivé par navires français ou par navires étrangers, sans égard à la destination ultérieure des marchandises, soit pour la consommation, soit pour le transit, soit pour l'entrepôt; 2° dans l'*exportation*, les marchandises *françaises et étrangères* exportées. (Voir, d'ailleurs, ci-dessus, page 49, la note 1 du tableau n° 19.)

(2) Ces chiffres représentent, en *valeurs actuelles*.. { Exportations................ 14,878,854^f | Importations................ 21,872,628 } 36,751,482^f

(3) Dans ce chiffre n'est pas comprise la valeur du numéraire exporté ou importé en 1862. Les exportations de ce genre pour la colonie ont été de 484,800 francs et les importations de la colonie en France de 27,550 francs.

(4) Les mouvements des entrepôts de la Guadeloupe sont compris dans ces chiffres; le tableau ci-dessus représente, en conséquence, l'ensemble du commerce de la colonie en 1862.

N° 27. — (GUADELOUPE ET DÉPENDANCES.) — *État détaillé, en quantités et valeurs, des denrées et marchandises exportées de France pour la colonie en 1862.*

(D'après le tableau de la douane de France. — Commerce spécial.) (¹)

DÉSIGNATION DES DENRÉES ET MARCHANDISES.	ESPÈCE des UNITÉS.	QUANTITÉS EXPORTÉES de France pour la Guadeloupe.	VALEURS des EXPORTATIONS de France pour la Guadeloupe.
Chevaux......................................	Tête.	27	9,720ᶠ
Mules et mulets..............................	Idem.	475	142,500
Viandes salées...............................	Kilogr.	100,884	70,519
Fromages.....................................	Idem.	71,918	50,343
Beurre salé..................................	Idem.	211,897	286,060
Suif brut et saindoux........................	Idem.	30,180	16,599
Engrais......................................	Idem.	111,125	8,890
Morue..	Idem.	493,363	98,673
Poissons marinés ou à l'huile................	Idem.	26,517	66,293
Maïs...	Quintal.	2,215	30,789
Avoine.......................................	Idem.	5,708	145,554
Farine de froment...........................	Idem.	12,766	255,320
Pain et biscuit de mer.......................	Kilogr.	240,523	60,131
Riz......... { en grains.....................	Idem.	388,333	155,333
Riz......... { en paille.....................	Idem.	333,685	66,737
Pommes de terre..............................	Idem.	389,285	23,357
Légumes secs et leurs farines................	Idem.	548,286	137,072
Semoules et pâtes d'Italie...................	Idem.	61,030	36,618
Fruits de table, secs ou tapés...............	Idem.	19,528	14,646
Fruits oléagineux............................	Idem.	20,059	16,047
Huiles.... { d'olive.........................	Idem.	419,828	713,708
Huiles.... { de graines grasses..............	Idem.	103,210	103,624
Bois commun..................................	Valeur.	"	119,190
Bulbes ou oignons............................	Kilogr.	33,432	23,402
Tourteaux de graines oléagineuses............	Idem.	1,494,780	89,687
Tuiles, briques et carreaux de terre.........	Pièce.	1,276,700	63,835

(¹) Voir la note 1 du tableau précédent.

DÉSIGNATION DES DENRÉES ET MARCHANDISES.	ESPÈCE des UNITÉS.	QUANTITÉS EXPORTÉES de France pour la Guadeloupe.	VALEURS des EXPORTATIONS de France pour la Guadeloupe.
Bitumes solides purs..	Kilogr.	100,000	20,000ᶠ
Houille crue...	Quintal.	5,569	8,353
Cuivre pur battu ou laminé....................................	Kilogr.	5,574	17,837
Zinc laminé...	Idem.	45,909	36,727
Acide tartrique...	Idem.	1,785	13,387
Acide stéarique en masse......................................	Idem.	25,471	50,942
Oxyde de zinc...	Idem.	12,650	18,975
Sel de marais ou de saline....................................	Quintal.	4,797	13,791
Sulfate de quinine	Kilogr.	50	18,000
Vernis..	Idem.	3,618	14,472
Noir animal	Idem.	174,115	34,823
Couleurs non dénommées..	Idem.	18,952	51,032
Parfumeries	Idem.	20,393	142,751
Médicaments composés..	Idem.	26,096	253,560
Savons ordinaires...	Idem.	273,160	163,896
Acide stéarique ouvré...	Idem.	66,416	332,080
Chandelles..	Idem.	255,721	319,651
Tabac fabriqué ou seulement préparé...........................	Idem.	2,992	19,149
Sucre raffiné...	Idem.	317,497	380,996
Vins......... { ordinaires. ... { de la Gironde...............	Litre.	623,891	225,385
d'ailleurs...............	Idem.	1,131,823	238,872
de liqueur....................	Idem.	74,345	111,517
Vinaigres de vin ou de bois...................................	Idem.	56,463	20,568
Bière...	Idem.	102,451	30,735
Liqueurs (alcool)..	Idem.	6,363	19,089
Vitrifications..	Valeur.	"	414,266
Fils de toute sorte...	Idem.	"	34,212
Tissus .... { de lin ou de chanvre.........................	Idem.	"	1,166,108
de soie........................	Idem.	"	379,820
de laine.......................	Idem.	"	190,006
de coton.......................	Idem.	"	4,827,115
Papier et ses applications....................................	Idem.	"	166,987

DÉSIGNATION DES DENRÉES ET MARCHANDISES.	ESPÈCE des UNITÉS.	QUANTITÉS EXPORTÉES de France pour la Guadeloupe.	VALEURS des EXPORTATIONS de France pour la Guadeloupe.
Peaux préparées	Valeur.	"	25,175f
Ouvrages en peau ou en cuir	Idem.	"	1,049,092
Chapeaux de feutre	Idem.	"	23,122
Cordages de chanvre	Idem.	"	127,452
Orfévrerie d'argent	Idem.	"	11,850
Bijouterie d'or	Idem.	"	19,396
Machines et mécaniques	Idem.	"	158,375
Coutellerie	Idem.	"	75,372
Outils	Idem.	"	80,497
Ouvrages en divers métaux	Idem.	"	389,972
Bimbeloterie	Idem.	"	37,216
Mercerie	Idem.	"	494,004
Modes (Ouvrages de)	Idem.	"	71,570
Futailles vides	Idem.	"	68,210
Autres ouvrages en bois	Idem.	"	38,258
Meubles de toute sorte	Idem.	"	65,200
Parapluies et parasols	Idem.	"	21,125
Instruments d'optique	Idem.	"	10,627
Pièces de lingerie cousues	Idem.	"	208,940
Habillements.. { neufs	Idem.	"	415,510
Habillements.. { vieux	Idem.	"	14,780
Articles divers d'industrie parisienne	Idem.	"	17,819
Denrées et marchandises non dénommées ci-dessus	Idem.	"	273,600
VALEUR TOTALE des exportations de France pour la Guadeloupe (¹)	....	....	(²) 16,842,920

(¹) Il a été constaté, en outre, pour 1862, une exportation de 484,800 francs en numéraire.

(²) Cette somme représente, en *valeurs actuelles*, celle de 14,878,854 francs.

N° 28. — (GUADELOUPE ET DÉPENDANCES.) — *État détaillé, en quantités et valeurs, des denrées et marchandises importées de la colonie en France en 1862.*

(D'après le tableau de la douane de France. — Commerce général.) (¹)

DÉSIGNATION DES DENRÉES ET MARCHANDISES.	ESPÈCE des UNITÉS.	QUANTITÉS IMPORTÉES de la Guadeloupe en France.	VALEURS des IMPORTATIONS de la Guadeloupe en France (²).
Peaux brutes, grandes....................................	Kilogr.	43,967	53,040ᶠ
Écailles de tortue...	Idem.	428	24,068
Sucre brut	Idem.	30,799,151	18,479,491
Sirops, confitures et bonbons...........................	Idem.	4,108	7,394
Cacao	Idem.	108,869	97,982
Café...	Idem.	220,023	352,037
Vanille..	Idem.	33	8,250
Bois de teinture..	Idem.	335,752	67,150
Coton en laine...	Idem.	24,102	48,204
Cendres et regrets d'orfévre.............................	Idem.	295	8,850
Cuivre pur de première fusion...........................	Idem.	15,517	31,034
Rocou préparé...	Idem.	183,262	366,524
Chocolat et cacao simplement broyé......................	Idem.	434,160	520,992
Eau-de-vie de mélasse..................................	Litre.	939,518	563,711
Denrées et marchandises non dénommées ci-dessus...........	Valeur.	"	32,641
VALEUR TOTALE des importations de la Guadeloupe en France (³)....................................	....	....	(⁴) 20,661,968

(¹) Voir la note 1 du tableau n° 26, page 64.

(²) Voir la note 2 du tableau n° 22, page 53, et ci-dessous la note 4.

(³) Il a été constaté en outre, pour 1862, une importation en numéraire de 27,550 francs.

(⁴) Cette somme représente, en *valeurs actuelles*, celle de 21,872,628 francs.

N° 29. — (GUADELOUPE ET DÉPENDANCES.) — *État détaillé, en quantités et valeurs* (¹), *des denrées et marchandises qui ont été l'objet du commerce de la colonie avec les autres colonies et pêcheries françaises en 1862.*

1° Importations des colonies et pêcheries françaises.

DÉSIGNATION des DENRÉES ET MARCHANDISES.	ESPÈCE des UNITÉS.	QUANTITÉS IMPORTÉES des colonies et pêcheries françaises à la Guadeloupe.	VALEURS des IMPORTATIONS des colonies et pêcheries françaises à la Guadeloupe.
Bœufs et vaches...	Tête.	344	88,825ᶠ
Morue..	Kilogr.	3,835,511	1,512,055
Farine de froment.......................................	Idem.	112,770	62,253
Riz en grains...	Idem.	968,948	303,875
Sucre raffiné...	Idem.	9,455	11,467
Tabac en feuilles.......................................	Idem.	29,564	56,223
Huile d'olive...	Idem.	5,118	8,709
Cuivre laminé...	Idem.	8,874	35,496
Chandelles..	Idem.	17,476	23,628
Vins ordinaires { de la Gironde........................	Litre.	77,452	24,217
{ d'ailleurs..........................	Idem.	56,878	18,174
Tissus....... { de coton..............................	Valeur.	"	99,431
{ de soie..............................	Idem.	"	110,136
Bijouterie..	Kilogr.	2	12,284
Effets à usage..	Valeur.	"	9,185
Denrées et marchandises non dénommées ci-dessus..........	Idem.	"	167,672
VALEUR TOTALE des importations des autres colonies et pêcheries françaises à la Guadeloupe........	....	....	2,543,630 (2)

(¹) La répartition de ces valeurs par colonie et pêcherie se trouve indiquée ci-après, page 155, dans le tableau n° 76 de la navigation commerciale.

(²) Ce chiffre comprend, indépendamment des marchandises françaises et des marchandises étrangères nationalisées par le payement des droits d'entrée dans les autres colonies, celles de leur propre cru et les marchandises étrangères qui proviennent des entrepôts des mêmes colonies. — Ces dernières marchandises représentent une valeur de 531,218 francs.

2° *Exportations pour les colonies et pêcheries françaises.*

DÉSIGNATION des DENRÉES ET MARCHANDISES.	ESPÈCE des UNITÉS.	EXPORTATIONS EN DENRÉES et marchandises de la colonie.		EXPORTATIONS DES DENRÉES ET MARCHANDISES provenant de l'importation. Françaises ([1]).		Étrangères.	
		Quantités.	Valeurs.	Quantités.	Valeurs.	Quantités.	Valeurs.
Mules et mulets.............	Tête.	1	350ᶠ	25	18,600ᶠ	"	"
Viandes salées { de porc......	Kilogr.	"	"	11,735	18,309	1,577	1,388ᶠ
de bœuf......	Idem.	"	"	4,916	3,796	6,750	6,410
Beurre	Idem.	"	"	6,087	16,323	"	"
Engrais....................	Idem.	"	"	830,123	292,050	"	"
Morue.....................	Idem.	"	"	909,400	345,138	25,518	9,991
Sucre raffiné...............	Idem.	"	"	23,698	25,116	"	"
Café......................	Idem.	14,672	32,493	"	"	"	"
Sel de marais ou de salines.....	Idem.	16,200	686	321,200	9,636	"	"
Savons ordinaires............	Idem.	"	"	11,102	10,867	"	"
Acide stéarique ouvré.........	Idem.	"	"	2,890	6,302	"	"
Vins ordinaires en futailles.....	Hectol.	"	"	36,401	11,148	"	"
Vitrifications	Valeur.	"	"	"	12,437	"	"
Tissus ... { de coton.........	Idem.	"	"	"	14,925	"	6,136
de soie...........	Idem.	"	"	"	11,374	"	"
Denrées et marchandises non dénommées ci-dessus..........	Idem.	"	18,382	"	210,490	"	48,148
Totaux..........	....	....	51,911	....	1,006,511	....	72,073
Valeur totale des exportations de la Guadeloupe pour les autres colonies françaises.......	....	....		1,130,495ᶠ			

([1]) Sous le titre de *marchandises françaises*, on comprend, indépendamment des marchandises nationales, les marchandises étrangères qui ont été *nationalisées* par le payement des droits du tarif métropolitain, préalablement à leur introduction dans la colonie.

N° 30. — (GUADELOUPE ET DÉPENDANCES.) — *État détaillé, en quantités et valeurs* ('), *des denrées et marchandises qui ont été l'objet du commerce de la colonie avec l'étranger en 1862.*

(D'après l'état de la douane coloniale.)

1° Importations en marchandises étrangères.

DÉSIGNATION des DENRÉES ET MARCHANDISES.	ESPÈCE des UNITÉS.	IMPORTATIONS PAR NAVIRES FRANÇAIS. Par extraction des entrepôts de France.		Par extraction directe de l'étranger.		IMPORTATIONS par NAVIRES ÉTRANGERS.	
		Quantités.	Valeurs.	Quantités.	Valeurs.	Quantités.	Valeurs.
			fr.		fr.		fr.
Chevaux et juments...............	Tête.	»	»	17	5,000	103	79,100
Mules et mulets...............	Idem.	»	»	70	24,500	89	57,400
Anes et ânesses...............	Idem.	»	»	151	12,080	119	9,540
Bœufs, taureaux, vaches, etc...	Idem.	»	»	1,441	520,040	69	11,200
Viandes salées { de porc.........	Kilogr.	115	161	15,601	17,366	186,679	195,169
de bœuf.........	Idem.	»	»	453	630	92,736	85,931
Saindoux...............	Idem.	»	»	6,127	13,152	44,669	82,562
Fromages...............	Idem.	2,448	4,625	39	78	5,351	10,318
Morue...............	Idem.	»	»	»	»	276,347	97,289
Autres poissons secs, salés ou fumés...............	Idem.	7,125	1,859	1,500	648	124,324	49,807
Farine de froment...............	Idem.	75,420	40,124	224,920	120,665	1,809,900	866,602
Maïs...... { en farine.........	Hectol.	»	»	»	»	114,120	28,730
en grains.........	Idem.	324	8,150	161	4,148	2,673	63,230
Avoine...............	Idem.	»	»	»	»	39,823	11,394
Pain et biscuit de mer.........	Kilogr.	»	»	508	356	39,289	26,911
Pommes de terre...............	Idem.	»	»	»	»	39,509	12,030
Légumes secs...............	Hectol.	»	»	30	1,177	208	9,591
Riz en grains...............	Kilogr.	517,652	173,941	89,329	34,773	211,276	69,646
Racines alimentairres.........	Idem.	»	»	»	»	33,625	10,645
Noix de coco...............	Idem.	»	»	73,110	9,762	55,979	7,509

DÉSIGNATION des DENRÉES ET MARCHANDISES.	ESPÈCE des UNITÉS.	IMPORTATIONS PAR NAVIRES FRANÇAIS.				IMPORTATIONS par NAVIRES ÉTRANGERS.	
		Par extraction des entrepôts de France.		Par extraction directe de l'étranger.			
		Quantités.	Valeurs.	Quantités.	Valeurs.	Quantités.	Valeurs.
			fr.		fr.		fr.
Sucre brut....................	Kilogr.	"	"	34,209	16,420	"	"
Cacao en fèves...............	Idem.	"	"	58,051	61,969	6,565	6,565
Café........................	Idem.	"	"	5,498	11,021	"	"
Tabac en feuilles............	Idem.	22,748	43,122	1,098	2,086	29,601	56,244
Bois communs...............	Valeur.	"	"	"	9,593	"	634,898
Bulbes et oignons	Kilogr.	"	"	1,000	300	65,076	20,741
Houille.....................	Idem.	3,697,204	177,093	2,144,000	100,480	3,292,850	150,100
Fer étiré en barres...........	Idem.	110,730	38,661	"	"	"	"
Eau congelée (glace).........	Idem.	"	"	"	"	627,000	132,900
Cigares et autres tabacs fabriqués.	Idem.	472	5,394	390	7,012	141	2,844
Vins de liqueur en futailles.....	Litre.	1,580	3,328	3,042	9,484	3,676	11,149
Vitrifications.................	Valeur.	"	13,795	"	6,737	"	81
Tissus.... { de coton.........	Idem.	"	237,245	"	3,044	"	7,210
Tissus.... { de lin et de chanvre	Idem.	"	20,387	"	661	"	504
Chapeaux de paille dits *panamas*.	Nombre.	"	"	2,426	27,143	3,580	46,380
Machines et mécaniques........	Valeur.	"	297,150	"	100	"	1,830
Ouvrages en divers métaux.....	Idem.	"	52,773	"	10	"	5,797
Voitures suspendues..........	Pièce.	"	"	"	"	54	53,639
Futailles vides { montées	Hectol.	"	"	2,978	26,415	4,351	33,472
Futailles vides { démontées.......	Pièce.	"	"	1,426	13,791	19,455	200,391
Ouvrages en bois.............	Valeur.	"	8,370	"	35	"	63,646
Meubles de toute sorte.........	Idem.	"	"	"	101	"	12,405
Denrées et marchandises non dénommées ci-dessus.,.........	Idem.	"	26,906	"	42,049	"	73,810
Totaux..........	....	....	1,153,084	....	1,098,826	....	3,299,210
Valeur totale des marchandises étrangères importées à la Guadeloupe..................	....	....		5,551,120ᶜ			

2° *Exportations pour l'étranger.*

DÉSIGNATION des DENRÉES ET MARCHANDISES.	ESPÈCE des UNITÉS.	EXPORTATIONS EN DENRÉES et marchandises de la colonie.		EXPORTATIONS EN DENRÉES ET MARCHANDISES provenant de l'importation.			
				Françaises (1).		Étrangères.	
		Quantités.	Valeurs (2).	Quantités.	Valeurs (2).	Quantités.	Valeurs (2).
			fr.		fr.		fr.
Bœufs . . . ·	Tête.	"	"	168	42,000	"	"
Viande salée de porc.	Kilogr.	"	"	3,960	3,623	9,000	9,550
Beurre salé.	Idem.	"	"	19,461	44,308	"	"
Engrais	Idem.	"	"	497,085	186,389	"	"
Morue.	Idem.	"	"	470,431	170,315	136,050	50,691
Poissons marinés ou à l'huile. . .	Idem.	"	"	15,971	60,267	"	"
Farine de froment.	Idem.	"	"	44,550	23,417	31,500	14,425
Légumes secs.	Idem.	"	"	27,425	10,809	755	264
Riz en grains.	Idem.	"	"	83,406	29,989	"	"
Sucre brut.	Idem.	86,135	38,740	"	"	"	"
Café.	Idem.	5,399	12,849	"	"	"	"
Huile d'olive	Idem.	"	"	76,503	127,734	"	"
Bois feuillard.	Valeur.	"	"	"	10,246	"	"
Vins.. { ordinaires.	Litre.	"	"	259,253	87,262	"	"
Vins.. { de liquour.	Idem.	"	"	6,332	15,849	"	"
Eau-de-vie de mélasse.	Idem.	38,602	6,542	"	"	"	"
Vitrifications.	Valeur.	"	"	"	28,924	"	"
Tissus de coton.	Idem.	"	"	"	512	"	18,216
Futailles vides démontées.	Pièce.	"	"	1,550	14,740	"	"
Denrées et marchandises non dénommées ci-dessus.	. . . .	"	16,248	"	93,614	"	2,544
Totaux.	. . . .	. . . .	74,379	. . . .	949,998	. . . .	95,690
Valeur totale des exportations de la Guadeloupe pour l'étranger.	. . . .			1,120,067ᶠ			

(1) Voir la note 1 du tableau n° 23, page 55.

(2) La répartition de ces valeurs par lieu de destination se trouve indiquée ci-après, page 157, dans le tableau n° 77 de la navigation commerciale.

N° 31. — (GUADELOUPE ET DÉPENDANCES.) — Situation et mouvements des entrepôts de la colonie pendant l'année 1862.

DÉSIGNATION des DENRÉES ET MARCHANDISES.	ESPÈCE des UNITÉS.	TAUX MOYEN d'évaluation.	MARCHANDISES en entrepôt au 31 décembre 1861.	MARCHANDISES ENTRÉES EN ENTREPÔT PENDANT L'ANNÉE 1862 — Lieux de provenance.	Valeurs.	TOTAL.	TOTAL GÉNÉRAL.	MARCHANDISES SORTIES D'ENTREPÔT PENDANT L'ANNÉE 1862 — Lieux de destination.	Valeurs.	TOTAL.	Consommation locale.	TOTAL GÉNÉRAL.	MARCHANDISES restant en entrepôt au 31 décembre 1862.
Viandes salées { de porc....	Kilogr.	"	"	États-Unis	5,708f	15,258f	15,258f	Barbade	9,550f	10,938f	4,320f	15,258f	"
				Trinité	9,550			Martinique	1,388				
{ de bœuf...	Idem.	"	"	États-Unis	9,110	9,110	9,110	Idem	6,410	6,410	2,700	9,110	"
Morue..................	Idem.	"	"	Nouvelle Écosse	49,420	60,682	60,682	Trinité et Antigue	39,429	60,682	"	60,682	"
				États-Unis	11,262			Porto-Rico	11,262				
								Martinique	9,991				
Farine de froment.........	Idem.	"	"	États-Unis	149,099	248,795	248,795	Vénézuéla	4,675	107,728	81,415	189,143	59,652f
				Démérary et Barbade	14,425			Saint-Thomas	12,300				
				Bordeaux	52,935			Martinique	90,753				
				Havre. (Entrepôt.)	27,636								
				Martinique	4,100								
Sucre non raffiné.........	Idem.	"	"	Vièques	16,420	16,420	16,420	Bordeaux	16,420	16,420	"	16,420	"
Cacao en fèves..........	Idem.	"	570f	Trinité	68,499	68,499	69,069	France	68,499	68,499	570	69,069	"
Café...................	Idem.	"	"	Idem	10,750	10,750	10,750	Bordeaux	10,750	10,750	"	10,750	"
Tabac en feuilles.........	Idem.	"	119,688	États-Unis	47,380	58,258	177,946		"	"	102,127	102,127	75,819
				Martinique	10,878								
Huile d'olive............	Idem.	"	42,552	Marseille	52,753	52,753	95,305	Trinité	34,211	63,623	25,603	89,226	6,079
								Barbade	8,880				
								Dominique	1,392				
								Saint-Thomas	18,454				
								Saint-Pierre et Miquelon	142				
								Saint-Martin (P. F.)	544				

DÉSIGNATION des DENRÉES ET MARCHANDISES.	ESPÈCE des UNITÉS.	TAUX MOYEN d'évaluation.	MARCHANDISES en entrepôt au 31 décem 1861.	MARCHANDISES ENTRÉES EN ENTREPÔT PENDANT L'ANNÉE 1862. Lieux de provenance.	Valeurs.	TOTAL.	TOTAL GÉNÉRAL.	MARCHANDISES SORTIES D'ENTREPÔT PENDANT L'ANNÉE 1862. Lieux de destination.	Valeurs.	TOTAL.	Consommation locale.	TOTAL GÉNÉRAL.	MARCHANDISES restant en entrepôt au 31 décembre 1862.
Vin de Provence	Litre.	"	14,261f	Marseille	67,982f	72,433f	86,094f	Haïti	710f	56,947f	26,128f	83,075f	3,619f
				Martinique	4,451			Saint-Thomas	23,542				
								Trinité	22,106				
								France	527				
								Saint-Pierre et Miquelon	710				
								Martinique	9,352				
Mouchoirs dits madras	Pièce.	"	24,547	Havre. (Entrepôt.)	44,288	56,064	80,611	Démérary	8,704	10,752	23,424	34,176	46,435
				Martinique. (Idem.)	11,776			Porto-Rico	512				
								Martinique	1,536				
Mouchoirs dits vendapolam	Idem.	"	43,401	Havre. (Entrepôt.)	76,360	95,887	139,288	Martinique	4,600	4,600	61,617	66,217	73,071
				Martinique (Idem.)	19,527								
Articles non dénommés ci-dessus	......	"	28,184	Valparaiso		118,296	146,480	Nouvelle-Écosse		127,013	10,595	137,608	8,872
				États-Unis				Trinité					
				Trinité				Barbade					
				Saint-Vincent				Saint-Christophe					
				Saint-Barthélemy	118,296			Dominique					
				France				États-Unis	127,013				
				France. (Entrepôt.)				Vénézuéla					
				Pondichéry				Porto-Rico					
				Saint-Martin (P. F.)				Saint-Thomas					
								France					
								Martinique					
Totaux	......	....	273,203		883,205	883,205	1,156,408		544,362	554,362	338,499	882,861	273,547

N° 32. — (GUYANE FRANÇAISE.) — *Tableau général de la valeur des importations et des exportations de l'année 1862.*

(D'après les tableaux publiés annuellement par l'Administration des douanes de France et les états de la douane coloniale.)

1° COMMERCE ENTRE LA FRANCE ET LA GUYANE FRANÇAISE.

Exportations de France pour la colonie. (Commerce spécial.) (¹).....................(²) 5,494,516ᶠ ⎫ (³) (⁴)
Importations de la colonie en France. (Commerce général.) (¹).....................(²) 1,081,515 ⎬ 6,576,031ᶠ

2° COMMERCE DE LA GUYANE FRANÇAISE AVEC LES AUTRES COLONIES ET PÊCHERIES FRANÇAISES.

Importations des colonies et pêcheries françaises........................... 11,685ᶠ

Exportations pour les autres colonies et pêcheries françaises.
  Denrées et marchandises de la colonie............... 65,166ᶠ
  Denrées et marchandises provenant de l'importation....
    Françaises............ 48,005ᶠ
    Étrangères............ 400
    → 48,405
  → 113,571
→ 125,256

3° COMMERCE DE LA GUYANE FRANÇAISE AVEC L'ÉTRANGER.

Importations en marchandises étrangères.
  Par navires français.
    Des entrepôts de France.. 1,103,236ᶠ
    De l'étranger directement. 79,521
    → 1,182,757ᶠ
  Par navires étrangers.......................... 2,305,557
  → 3,488,314ᶠ

Exportations pour l'étranger.
  Denrées et marchandises de la colonie................. 129,116
  Denrées et marchandises provenant de l'importation....
    Françaises............ 32,254ᶠ
    Étrangères............ 35,530
    → 67,784
  → 196,900
→ 3,685,214

TOTAL GÉNÉRAL..................................... 10,386,501

(¹) On classe en France, sous le titre de *commerce spécial* : 1° dans l'*exportation*, les marchandises *françaises* exportées ; 2° dans l'*importation*, tout ce qui a été importé définitivement, c'est-à-dire mis en consommation sous le payement des droits.

Sous le titre de *commerce général*, on comprend : 1° dans l'*importation*, tout ce qui est arrivé par navires français ou par navires étrangers, sans égard à la destination ultérieure des marchandises, soit pour la consommation, soit pour le transit, soit pour l'entrepôt ; 2° dans l'*exportation*, les marchandises *françaises* et *étrangères* exportées. (Voir d'ailleurs ci-dessus, page 49, la note 1 du tableau n° 19.)

(²) Ces chiffres représentent, en *valeurs actuelles*..
  Exportations................ 6,492,578ᶠ ⎫
  Importations................ 945,930 ⎬ 7,438,508ᶠ

(³) Dans ce chiffre n'est pas comprise la valeur des importations en numéraire : elles ont été de 350,589 fr. pour 1862. Il n'a été constaté aucune exportation de ce genre de France pour la colonie.

(⁴) Les mouvements de l'entrepôt de la Guyane française sont compris dans ces chiffres ; le tableau ci-dessus représente, en conséquence, l'ensemble du commerce de la colonie en 1862.

N° 33.—(GUYANE FRANÇAISE.)—*État détaillé, en quantités et valeurs, des denrées et marchandises exportées de France pour la colonie en 1862.*

(D'après le tableau de la douane de France. — Commerce spécial.) [1]

DÉSIGNATION des DENRÉES ET MARCHANDISES.	ESPÈCE des UNITÉS.	QUANTITÉS EXPORTÉES de France pour la Guyane française.	VALEURS des EXPORTATIONS de France pour la Guyane française.
Viandes salées	Kilogr.	161,438ᶠ	113,007ᶠ
Fromages	Idem.	26,777	18,744
Beurre salé	Idem.	18,270	24,661
Suif brut et saindoux	Idem.	75,194	41,357
Poissons marinés ou à l'huile	Idem.	11,760	29,400
Maïs	Quintal.	748	7,617
Avoine	Idem.	800	20,400
Farine de froment	Idem.	7,212	144,240
Riz en grains	Kilogr.	153,567	61,427
Légumes secs et leurs farines	Idem.	276,538	69,135
Semoules et pâtes d'Italie	Idem.	17,892	10,735
Fruits et graines	Valeur.	"	11,817
Sirops, confitures et bonbons	Kilogr.	7,836	14,105
Huiles { d'olive	Idem.	56,511	96,069
Huiles { autres	Idem.	64,554	67,819
Légumes verts	Idem.	7,767	6,214
Foin, paille, etc.	Idem.	244,150	9,766
Bulbes ou oignons	Idem.	41,042	28,729
Tourteaux de graines oléagineuses	Idem.	156,533	9,392

[1] Voir la note 1 du tableau précédent.

DÉSIGNATION des DENRÉES ET MARCHANDISES.	ESPÈCE des UNITÉS.	QUANTITÉS EXPORTÉES de France pour la Guyane française.	VALEURS des EXPORTATIONS de France pour la Guyane française.
Meules à aiguiser............................	Pièce.	500ᶠ	6,000ᶠ
Chaux......................................	Quintal.	1,449	7,245
Houille crue................................	Idem.	15,267	22,000
Fer..	Kilogr.	230,238	328,983
Cuivre pur de première fusion...............	Idem.	9,151	18,302
Zinc laminé................................	Idem.	14,408	11,526
Couleurs...................................	Valeur.	"	28,300
Parfumeries................................	Kilogr.	5,054	30,578
Médicaments composés.......................	Valeur.	"	145,570
Savons ordinaires...........................	Kilogr.	60,855	36,513
Acide stéarique ouvré.......................	Idem.	22,750	113,780
Tabac fabriqué ou seulement préparé..........	Idem.	2,786	17,824
Sucre raffiné...............................	Idem.	47,724	57,260
Vins..... ordinaires..... de la Gironde........	Litre.	97,465	41,028
Vins..... ordinaires..... d'ailleurs...........	Idem.	1,876,273	385,040
Vins..... de liqueur.........................	Idem.	46,010	69,017
Vinaigres de vin ou de bois..................	Idem.	21,667	8,382
Bière......................................	Idem.	41,712	12,514
Eau-de-vie de vin (alcool)....................	Idem.	14,597	9,488
Liqueurs (alcool)...........................	Idem.	14,265	42,730
Vitrifications..............................	Valeur.	"	80,866
Fils de toute sorte..........................	Idem.	"	22,877
Tissus..... de lin ou de chanvre..............	Idem.	"	372,635
Tissus..... de soie..........................	Idem.	"	40,230
Tissus..... de laine.........................	Idem.	"	75,700
Tissus..... de coton.........................	Idem.	"	836,300

DÉSIGNATION des DENRÉES ET MARCHANDISES.	ESPÈCE des UNITÉS.	QUANTITÉS EXPORTÉES de France pour la Guyane française.	VALEURS des EXPORTATIONS de France pour la Guyane française.
Papier et ses applications............................	Valeur.	"	52,816^f
Ouvrages en peau ou en cuir........................	Idem.	"	246,288
Feutres à doublage....................................	Idem.	"	19,064
Cordages de chanvre.................................	Idem.	"	36,063
Filets neufs ou en état de servir	Idem.	"	11,262
Orfévrerie d'argent.	Idem.	"	23,221
Bijouterie d'or	Idem.	"	134,564
Coutellerie...	Idem.	"	9,132
Armes de chasse ou de luxe à feu.................	Idem.	"	6,540
Poudre à tirer...	Idem.	"	6,030
Outils..	Idem.	"	73,727
Ouvrages en divers métaux..........................	Idem.	"	65,896
Meubles de toute sorte...............................	Idem.	"	4,510
Parapluies et parasols................................	Idem.	"	23,764
Pièces de lingerie cousues...........................	Idem.	"	123,640
Habillements.......... { neufs......................	Idem.	"	734,900
{ vieux	Idem.	"	8,060
Articles divers d'industrie parisienne	Idem.	"	37,670
Denrées et marchandises non dénommées ci-dessus...........	Idem.	"	250,409
VALEUR TOTALE des exportations de France pour la Guyane française (¹).................	....	....	(²) 5,494,516

(¹) Il n'a été constaté, en 1862, aucune exportation en numéraire de France pour la Guyane française.

(²) Cette somme représente, en *valeurs actuelles*, celle de 6,492,578 francs.

N° 34. — (GUYANE FRANÇAISE.) — *État détaillé, en quantités et valeurs, des denrées et marchandises importées de la colonie en France en 1862.*

(D'après le tableau de la douane de France. — Commerce général.) [1]

DÉSIGNATION des DENRÉES ET MARCHANDISES.	ESPÈCE des UNITÉS.	QUANTITÉS IMPORTÉES de la Guyane française en France.	VALEURS des IMPORTATIONS de la Guyane française en France.
Peaux brutes, grandes...........................	Kilogr.	7,153	9,166f
Vessies natatoires de poisson, brutes et simplement desséchées..	Idem.	3,713	44,550
Sucre brut......................................	Idem.	248,736	149,242
Cacao..	Idem.	10,181	9,163
Café...	Idem.	2,389	3,822
Girofle { Clous.......................	Idem.	17,436	78,462
Girofle { Griffes.....................	Idem.	2,137	2,137
Bois { communs........................	Valeur.	"	14,887
Bois { d'ébénisterie..................	Kilogr.	1,303,282	404,029
Minerai d'or...................................	Idem.	41	1,230
Rocou préparé..................................	Litre.	177,224	154,448
Denrées et marchandises non dénommées ci-dessus...........	Valeur.	"	210,373
VALEUR TOTALE des importations de la Guyane française en France [2]................	....	....	[3] 1,081,515

[1] Voir la note 1 du tableau n° 32, page 78.

[2] Il a été constaté en outre, pour 1862, une importation en numéraire ou en lingots de 350,589 francs.

[3] Cette somme représente, en *valeurs actuelles*, celle de 945,930 francs.

N°. 35. — (GUYANE FRANÇAISE.) — *État détaillé, en quantités et valeurs* (¹), *des denrées et marchandises qui ont été l'objet du commerce avec les autres colonies et pêcheries françaises en 1862.*

(D'après l'état de la douane coloniale.)

DÉSIGNATION DES DENRÉES et marchandises.	ESPÈCE des unités.	1° IMPORTATIONS.		2° EXPORTATIONS					
		QUANTITÉS importées des colonies et pêcheries françaises à Cayenne.	VALEURS des importations des colonies et pêcheries françaises à Cayenne.	EN DENRÉES et marchandises de la colonie.		EN DENRÉES ET MARCHANDISES provenant de l'importation.			
						Françaises.		Étrangères.	
				Quantités.	Valeurs.	Quantités.	Valeurs.	Quantités.	Valeurs.
Fromages..........	Kilogr.	"	"	"	"	1,363	2,726f	"	"
Farine de froment...	Idem.	"	"	"	"	4,500	3,500	"	"
Tabac en feuilles....	Idem.	"	"	"	"	10,728	27,293	"	"
Bois communs......	Valeur.	"	"	"	65,138	"	"	"	"
Vins de liqueur.....	Litre.	"	"	"	"	3,070	7,675	"	"
Tissus de soie.......	Valeur.	"	3,025f	"	"	"	"	"	"
Mouchoirs dits *madras*	Pièce.	1,084	7,460	"	"	"	"	"	"
Modes.............	Valeur.	"	"	"	"	"	2,790	"	"
Denrées et marchandises non dénommées ci-dessus....	Idem.	"	1,200	"	28	"	4,021	"	400f
TOTAUX.........	....	....	11,685	....	65,166	....	48,005	....	400

113,571f

(¹) La répartition de ces valeurs par colonie et pêcherie se trouve indiquée ci-après, page 159, dans le tableau n° 79 de la navigation commerciale.

N° 36. — (GUYANE FRANÇAISE.) — *État détaillé, en quantités et valeurs* (¹), *des denrées et marchandises qui ont été l'objet du commerce de la colonie avec l'étranger en 1862.*

(D'après l'état de la douane coloniale.)

1° Importations en marchandises étrangères.

DÉSIGNATION des DENRÉES ET MARCHANDISES.	ESPÈCE des unités.	IMPORTATIONS PAR NAVIRES FRANÇAIS, par extraction des entrepôts de France.		par extraction directe de l'étranger.		IMPORTATIONS par NAVIRES ÉTRANGERS.	
		Quantités.	Valeurs.	Quantités.	Valeurs.	Quantités.	Valeurs.
Chevaux et juments	Tête.	"	"	"	"	18	10,600ᶠ
Moutons	Idem.	"	"	27	405ᶠ	830	12,700
Bœufs, vaches, génisses, etc.	Idem.	"	"	"	"	3,494	744,728
Viandes salées.. { de bœuf.	Kilogr.	"	"	1,800	1,800	115,906	115,906
{ de porc	Idem.	"	"	1,845	2,767	253,710	380,865
Viandes apprêtées	Idem.	50,000	80,000ᶠ	25	100	"	"
Saindoux	Idem.	"	"	650	1,560	37,841	90,686
Fromages	Idem.	13,467	26,934	360	721	325	1,650
Morue et bacaliau	Idem.	"	"	"	"	389,812	173,874
Autres poissons salés	Idem.	"	"	1,080	540	80,408	37,443
Farine { de froment	Idem.	1,487,540	884,020	"	"	638,499	396,340
{ de manioc	Idem.	"	"	28,000	16,800	21,735	12,218
Riz	Idem.	74,247	32,740	8,080	4,215	206,898	84,076
Pommes de terre	Idem.	"	"	32,334	6,467	18,892	3,778
Légumes secs	Idem.	"	"	"	"	15,046	7,523
Café	Idem.	8,554	10,571	1,430	3,289	4,917	11,309
Tabac en feuilles	Idem.	"	"	"	"	39,356	102,352
Bois communs	Valeur.	"	"	"	67	"	7,701
Légumes verts	Kilogr.	"	"	26,750	6,687	33,074	8,268
Fourrages	Idem.	"	"	"	"	82,649	12,397
Fer étiré en barres	Idem.	36,000	18,450	"	"	"	"
Vins de liqueur	Litre.	2,041	5,102	1,662	4,155	720	1,800
Bière	Idem.	"	"	2,510	2,008	5,000	4,000
Eaux-de-vie de grains, etc.	Idem.	"	"	10,144	13,632	4,320	5,760
Ouvrages en fer	Valeur.	"	1,866	"	"	"	12,604
Futailles démontées	Idem.	"	"	"	"	"	6,490
Denrées et marchandises non dé-nommées ci-dessus	Idem.	"	34,553	"	14,308	"	60,489
TOTAUX	....	....	1,103,236	....	79,521	....	2,305,557
VALEUR TOTALE des marchandises étrangères importées à la Guyane française	....	....		3,488,314ᶠ			

(¹) La répartition de ces valeurs par lieu de provenance se trouve indiquée ci-après, page 160, dans le tableau n° 80 de la navigation commerciale.

2° *Exportations pour l'étranger.*

DÉSIGNATION des DENRÉES ET MARCHANDISES.	ESPÈCE des unités.	EXPORTATIONS EN DENRÉES et marchandises de la colonie.		EXPORTATIONS EN DENRÉES ET MARCHANDISES provenant de l'importation.			
				Françaises (¹).		Étrangères.	
		Quantités.	Valeurs (²)	Quantités.	Valeurs (²)	Quantités.	Valeurs (²)
Viandes salées.. { de bœuf.....	Kilogr.	"	"	"	"	10,350	10,350ᶠ
{ de porc	Idem.	"	"	"	"	11,700	17,685
Peaux brutes, fraîches, grandes.	Nombre.	2,932	35,184ᶠ	"	"	"	"
Sucre brut.................	Kilogr.	98,000	43,950	"	"	"	"
Cacao brut.................	Idem.	9,732	10,741	"	"	"	"
Or natif...................	Idem.	3,151	9,453	"	"	"	"
Rocou.....................	Idem.	28,354	26,540	"	"	"	"
Vins	Litre.	"	"	28,608	14,125ᶠ	"	"
Liqueurs..................	Idem.	"	"	2,440	5,910	"	"
Denrées et marchandises non dé-nommées ci-dessus.........	Valeur.	"	3,248	"	12,219	"	7,495
Totaux............	....	....	129,116	....	32,254	....	35,530
Valeur totale des exporta-tions de la Guyane fran-çaise pour l'étranger.....	....	....		196,900ᶠ			

(¹) Voir la note 1 du tableau n° 23, page 55.

(²) La répartition de ces valeurs par lieu de destination se trouve indiquée ci-après, page 161, dans le tableau n° 80 de la navigation commerciale.

N° 37. — (GUYANE FRANÇAISE.) — *Situation et mouvement de l'entrepôt fictif de la colonie pendant l'année 1862.*

DÉSIGNATION des DENRÉES ET MARCHANDISES.	ESPÈCE des UNITÉS.	TAUX MOYEN d'évaluation.	MARCHANDISES en entrepôt au 31 décembre 1861.	MARCHANDISES ENTRÉES EN ENTREPÔT PENDANT L'ANNÉE 1862.			TOTAL GÉNÉRAL.	MARCHANDISES SORTIES D'ENTREPÔT PENDANT L'ANNÉE 1862.					MARCHANDISES restant en entrepôt au 31 décembre 1862.
				Lieux de provenance.	Valeurs.	TOTAL.		Lieux de destination.	Valeurs.	TOTAL.	Consommation locale.	TOTAL général.	
Tissus de coton........	Valeur,	"	"	Franco. (Entrepôts.)...	950f	950f	950f	...................,	"	"	950f	950f	"
Guinées de l'Inde......	Idem.	"	"	Idem.................	1,500	1,500	1,500	.................,	"	"	1,500	1,500	"
Articles non dénommés ci-dessus............	Idem.	"	"	Nantes.............	516	516	516	Surinam,............	516f	516	"	516	"
Totaux.........	....	....	"	....	2,966	2,966	2,966	....	516	516	2,450	2,966	"

N° 38. — (Réunion.) — *Tableau général de la valeur des importations et des exportations de l'année 1862.*

(D'après les tableaux publiés annuellement par l'Administration des douanes de France et les états de la douane coloniale.)

1° Commerce entre la France et l'île de la Réunion.

Exportations de France pour la colonie. (Commerce spécial.) ([1])..................[2] 25,602,358[f] ⎫
Importations de la colonie en France. (Commerce général.) ([1])..................[2] 46,782,015 ⎬ 72,384,373[f] [3]

2° Commerce de la Réunion avec les autres colonies et pêcheries françaises.

Importations des colonies et pêcheries françaises.............................. 3,859,223[f] ⎫
⎪
Exportations pour les autres colonies et pêcheries françaises... ⎰ Denrées et marchandises de la colonie........... 34,178[f] ⎫ 616,417 ⎬ 4,475,640
⎱ Denrées et marchandises provenant de l'importation..... { Françaises.. 569,027[f] ⎫ 582,239 ⎭
                                                           { Étrangères..   13,212 ⎭

3° Commerce de la Réunion avec l'étranger.

Importations en marchandises étrangères. ⎰ Par navires français.. { Des entrepôts de France.. 1,150,040[f] ⎫ 19,950,591[f] ⎫ 20,153,453 ⎫
                                                                   { De l'étranger directement 18,860,551 ⎭   ⎬   ⎪
                                         ⎱ Par navires étrangers....................... 202,862 ⎭   ⎬ 23,361,543 [3][4]
                                                                                                                            ⎪
Exportations pour l'étranger.......... ⎰ Denrées et marchandises de la colonie......... 1,448,294 ⎫ 3,208,090 ⎭
                                       ⎱ Denrées et marchandises provenant de l'importation..... { Françaises.. 1,587,329[f] ⎫ 1,759,796
                                                                                                  { Étrangères.. 172,467 ⎭

TOTAL GÉNÉRAL....................... 100,221,556 [3][4]

([1]) On classe en France, sous le titre de *commerce spécial* : 1° dans l'*exportation*, les marchandises *françaises* exportées ; 2° dans l'*importation*, tout ce qui a été importé définitivement, c'est-à-dire mis en consommation sous le payement des droits.

Sous le titre de *commerce général*, on comprend : 1° dans l'*importation*, tout ce qui est arrivé par navires français ou par navires étrangers, sans égard à la destination ultérieure des marchandises, soit pour la consommation, soit pour le transit, soit pour l'entrepôt ; 2° dans l'*exportation*, les marchandises *françaises et étrangères* exportées. (Voir d'ailleurs ci-dessus, page 49, la note 1 du tableau n° 19.)

([2]) Ces chiffres représentent, en *valeurs actuelles*.. { Exportations.............. 28,333,513[f] ⎫ 63,809,226[f]
                                                          { Importations.............. 35,475,713 ⎭

([3]) Dans ces chiffres n'est pas comprise la valeur des exportations et des importations en numéraire ou en lingots : les premières ont été de 880,200 francs et les dernières de 1,480 francs seulement, en 1862.

Il a été, en outre, constaté à la Réunion, pour la même année, une importation en numéraire de 10,060 francs venant de l'étranger et une exportation de même nature de 1,390,075 francs, dont 756,421 francs pour les autres colonies françaises et 633,654 francs pour l'étranger.

([4]) Les mouvements des entrepôts de la Réunion sont compris dans ces chiffres ; le tableau ci-dessus représente, en conséquence, l'ensemble du commerce de la colonie en 1862.

N° 39. — (RÉUNION.) — *État détaillé, en quantités et valeurs, des denrées et marchandises exportées de France pour la colonie en 1862.*

(D'après le tableau de la douane de France. — Commerce spécial.)

DÉSIGNATION des DENRÉES ET MARCHANDISES.	ESPÈCE des UNITÉS.	QUANTITÉS EXPORTÉES de France pour la Réunion.	VALEURS des EXPORTATIONS de France pour la Réunion.
Chevaux et juments	Tête.	141	50,760ᶠ
Mules et mulets	Idem.	1,009	302,700
Viandes salées	Kilogr.	348,110	243,675
Beurre salé	Idem.	16,196	21,865
Poils de chèvre, etc.	Idem.	1,303	46,372
Suif et saindoux	Idem.	523,735	288,054
Autres graisses	Idem.	44,027	59,436
Guano	Idem.	135,660	10,852
Morues	Idem.	323,067	64,613
Poissons marinés ou à l'huile	Idem.	57,955	144,887
Avoine	Quintal.	2,513	64,082
Farine de froment	Idem.	1,027	20,540
Pain et biscuit de mer	Idem.	61,184	15,296
Légumes secs et leurs farines	Idem.	471,081	117,770
Fruits de table confits	Kilogr.	28,420	28,420
Sirops, confitures et bonbons	Idem.	22,776	40,997
Huiles { d'olive	Idem.	163,957	278,727
{ de graines grasses	Idem.	65,296	65,296
Bois communs	Valeur.	"	439,594
Légumes salés ou confits	Kilogr.	12,291	9,833
Marbres ouvrés	Idem.	48,311	12,385
Pierres ouvrées	Valeur.	"	11,910
Meules à aiguiser	Pièce.	1,195	14,340
Chaux	Quintal.	20,982	104,910
Tuiles, briques et carreaux de terre	Pièce.	1,863,428	93,171
Mastic bitumineux	Kilogr.	86,703	8.670
Fer	Idem.	524,120	172,525
Cuivre pur laminé	Idem.	29,441	94,211
Plomb battu ou laminé	Idem.	21,333	11,733
Zinc laminé	Idem.	129,698	103,758
Acide stéarique en masse	Idem.	17,028	34,056
Sel de marais ou de saline	Idem.	21,156	63,468
Produits chimiques non dénommés	Idem.	273,906	547,812
Couleurs	Valeur.	"	239,524
Parfumeries	Kilogr.	34,707	242,949
Médicaments composés	Idem.	37,362	355,420
Savons ordinaires	Idem.	458,857	275,194
Acide stéarique ouvré	Idem.	108,577	542,885
Sucre raffiné	Idem.	57,163	68,596
Chocolat et cacao simplement broyé	Idem.	4,581	32,067
Vins { ordinaires. { de la Gironde	Litre.	3,154,693	1,226,270
{ d'ailleurs	Idem.	1,399,823	293,026
{ de liqueur	Idem.	211,695	317,542
Vinaigres de vin ou de bois	Idem.	44,563	21,758
Bière	Idem.	136,977	41,093

DÉSIGNATION des DENRÉES ET MARCHANDISES.	ESPÈCE des UNITÉS.	QUANTITÉS EXPORTÉES de France pour la Réunion.	VALEURS des EXPORTATIONS de France pour la Réunion.
Eaux-de-vie de vin. (Alcool.)	Litre.	35,571	24,421[f]
Liqueurs. (Alcool.)	Idem.	39,966	119,898
Vitrifications	Valeur.	"	654,824
Fils de toute sorte	Idem.	"	153,684
Tissus. — de lin ou de chanvre	Idem.	"	445,678
Tissus. — de soie	Idem.	"	605,250
Tissus. — de laine	Idem.	"	1,225,820
Tissus. — de coton	Idem.	"	5,428,938
Papier et ses applications	Idem.	"	362,086
Peaux préparées	Idem.	"	100,880
Autres ouvrages en peau ou en cuir	Idem.	"	2,510,980
Chapeaux — de feutre	Idem.	"	155,814
Chapeaux — de paille, d'écorce, etc.	Idem.	"	32,721
Cordages de chanvre	Idem.	"	144,505
Liége ouvré	Idem.	"	17,928
Orfévrerie d'argent	Idem.	"	44,346
Bijouterie — d'or	Idem.	"	353,748
Bijouterie — d'argent	Idem.	"	14,107
Caractères d'imprimerie	Idem.	"	12,249
Machines et mécaniques	Idem.	"	312,119
Coutellerie	Idem.	"	28,668
Poudre à tirer	Kilog.	13,907	41,721
Outils	Valeur.	"	100,498
Ouvrages en divers métaux	Idem.	"	886,339
Voitures — suspendues	Idem.	"	108,660
Voitures — Autres	Idem.	"	24,320
Tabletterie	Idem.	"	28,710
Bimbeloterie	Idem.	"	84,536
Mercerie	Idem.	"	502,454
Modes (Ouvrages de)	Idem.	"	109,980
Fleurs artificielles	Idem.	"	11,974
Ouvrages en bois	Idem.	"	89,553
Meubles de toute sorte	Idem.	"	103,583
Parapluies et parasols	Idem.	"	94,599
Instruments de musique	Idem.	"	46,538
Pièces de lingerie cousues	Idem.	"	451,700
Habillements — neufs	Idem.	"	2,150,360
Habillements — vieux	Idem.	"	70,200
Articles divers d'industrie parisienne	Idem.	"	395,993
Denrées et marchandises non dénommées ci-dessus	Idem.	"	308,923
VALEUR TOTALE des exportations de France pour la Réunion (1).			(2) 25,602,358

(1) Il a été constaté en outre, en 1862, une exportation en numéraire de 880,200 francs.

(2) Cette somme représente, en *valeurs actuelles*, celle de 28,333,513 francs.

N° 40. — (RÉUNION.) — *État détaillé, en quantités et valeurs, des denrées et marchandises importées de la colonie en France en 1862.*

(D'après le tableau de la douane de France. — Commerce général.) [1]

DÉSIGNATION des DENRÉES ET MARCHANDISES.	ESPÈCE des UNITÉS.	QUANTITÉS IMPORTÉES de la Réunion en France.	VALEURS des IMPORTATIONS de la Réunion en France. [2]
Peaux brutes, grandes............................	Kilogr.	24,311	29,659 f
Dents d'éléphant.................................	Idem.	820	5,822
Écailles de tortue................................	Idem.	333	18,648
Cornes de bétail, brutes..........................	Idem.	12,500	11,250
Riz....... { en grains...........................	Idem.	991,959	396,783
{ en paille...........................	Idem.	983,815	196,763
Sucre brut.......................................	Idem.	50,583,738	35,408,617
Café...	Idem.	99,734	159,574
Girofle....... { Clous...........................	Idem.	24,864	111,888
{ Griffes..........................	Idem.	2,370	2,370
Vanille..	Idem.	40,572	10,143,000
Résines de copal et dammar.......................	Idem.	4,290	10,296
Bois d'ébénisterie...............................	Valeur.	"	7,936
Joncs et roseaux.................................	Kil.	44,800	26,880
Lichens tinctoriaux..............................	Idem.	207,450	197,078
Tissus de soie...................................	Valeur.	"	12,604
Denrées et marchandises non dénommées ci-dessus..	Idem.	"	42,847
VALEUR TOTALE des importations de la Réunion en France [3]	....	....	46,782,015 [4]

(1) Voir la note 1 du tableau n° 38, page 86.

(2) Voir la note 2 du tableau n° 22, page 53.

(3) Il n'a été constaté, en 1862, qu'une importation de 1,480 francs en lingots d'or et d'argent de la colonie en France.

(4) Cette somme représente, en *valeurs actuelles*, celle de 35,475,713 francs.

N° 41. — (RÉUNION.) — *État détaillé, en quantités et valeurs* (¹)*, des denrées et marchandises qui ont été l'objet du commerce de la colonie avec les autres colonies et pêcheries françaises en 1862.*

(D'après l'état de la douane coloniale.)

DÉSIGNATION DES DENRÉES et marchandises.	ESPÈCE des unités.	1° IMPORTATIONS.		2° EXPORTATIONS					
		QUANTITÉS importées des colonies et pêcheries françaises à la Réunion.	VALEURS des importations des colonies et pêcheries françaises à la Réunion.	en DENRÉES et marchandises de la colonie.		EN DENRÉES et marchandises provenant de l'importation.			
						Françaises (²).		Étrangères.	
				Quantités.	Valeurs.	Quantités.	Valeurs.	Quantités.	Valeurs.
			fr.		fr.		fr.		fr.
Chevaux	Tête.	26	10,400	″	″	″	″	″	″
Saindoux	Kilogr.	16,000	32,000	″	″	2,060	4,120	″	″
Morue	Idem.	1,562,184	781,091	″	″	1,150	575	″	″
Autres poissons salés	Idem.	92,464	46,232	″	″	″	″	″	″
Fro- (en grains	Hectol.	474	10,664	″	″	″	″	″	″
ment (en farine	Kilogr.	″	″	″	″	17,570	10,542	″	″
Grains	Hectol.	17,190	464,477	″	″	″	″	″	″
Riz	Kilogr.	662,695	173,978	″	″	25,875	9,362	″	″
Légumes secs	Idem.	1,270,500	320,320	2,575	670	2,000	500	″	″
Arachides	Idem.	40,429	40,429	″	″	″	″	″	″
Poivre	Idem.	33,482	33,482	″	″	″	″	″	″
Huiles (de coco	Idem.	569,358	569,358	″	″	150	150	″	″
(de graines grasses	Idem.	153,780	124,588	″	″	″	″	″	″
(de palma-christi	Idem.	14,826	29,652	″	″	″	″	″	″
Vieux cuivre	Idem.	″	″	″	″	17,248	34,496	″	″
Tabacs fabriqués	Idem.	5,979	35,874	100	600	″	″	185	1,116
Vins en futailles	Litre.	″	″	″	″	164,350	164,350	″	″
Tissus de coton	Valeur.	″	1,000,950	″	″	″	13,690	″	″
Peaux préparées	Kilogr.	9,137	36,551	″	″	″	″	″	″
Sacs de vacoua	Nombre.	″	″	46,230	23,116	″	″	″	″
Ou- (en divers métaux	Valeur.	″	″	″	″	″	20,590	″	″
vrages (en bois non dé-		″	″	″	″	″	27,550	″	″
nommés	Idem.	″	″						
Meubles de toute sorte	Idem.	″	″	″	″	″	34,650	″	″
Linge et habillements	Idem.	″	17,575	″	″	″	13,780	″	250
Denrées et marchandises non dénommées ci-dessus	Idem.	″	125,602	▸	9,792	″	234,672	″	11,846
TOTAUX	......	....	3,859,223 (³)	......	34,178	......	569,027	......	13,212

616,417¹ (³)

(¹) La répartition de ces valeurs par colonie et pêcherie se trouve indiquée ci-après, page 163, dans le tableau n° 82 de la navigation commerciale.

(²) Sous le titre de *marchandises françaises* on comprend, indépendamment des marchandises nationales, les marchandises étrangères qui ont été *nationalisées* par le payement des droits du tarif métropolitain, préalablement à leur introduction dans la colonie.

(³) Il a été, en outre, constaté pour 1862 une exportation en numéraire de 756,421 francs de la Réunion pour les autres colonies françaises. Il n'y a eu aucune importation de ce genre des autres colonies à la Réunion.

N° 42. — (RÉUNION.) — *État détaillé, en quantités et valeurs* (¹), *des denrées et marchandises qui ont été l'objet du commerce de la colonie avec l'étranger en 1862.*

(D'après l'état de la douane coloniale.)

1° Importations en marchandises étrangères.

DÉSIGNATION des DENRÉES ET MARCHANDISES.	ESPÈCE des UNITÉS.	IMPORTATIONS PAR NAVIRES FRANÇAIS. Par extraction des entrepôts de France.		Par extraction directe de l'étranger.		IMPORTATIONS par NAVIRES ÉTRANGERS.	
		Quantités.	Valeurs.	Quantités.	Valeurs.	Quantités.	Valeurs.
			fr.		fr.		fr.
Chevaux....................	Tête.	"	"	139	82,000	"	"
Anes et ânesses...............	Idem.	"	"	41	6,150	"	"
Mules et mulets..............	Idem.	"	"	442	387,000	"	"
Bœufs, taureaux, vaches, etc...	Idem.	"	"	3,894	763,780	504	100,800
Béliers, brebis et moutons.....	Idem.	"	"	317	6,340	16	320
Porcs.....................	Idem.	"	"	1,368	69,670	30	1,500
Gibier, volailles et tortues......	Idem.	"	"	37,555	110,985	"	"
Viandes salées. { de porc.......	Kilogr.	"	"	45,943	91,886	379	758
{ de bœuf......	Idem.	"	"	102,413	102,413	12,725	12,725
Suif brut,..................	Idem.	"	"	57,385	57,385	200	200
Saindoux..................	Idem.	"	"	592,310	1,184,620	"	"
Fromages..................	Idem.	6,401	19,203	330	990	1,253	3,759
Guano (engrais)............	Idem.	"	"	516,250	154,875	"	"
Morue	Idem.	21,286	10,643	55,598	27,799	4,100	2,050
Froment. { en grains.....	Hectol.	"	"	60,639	1,375,756	469	10,553
{ en farine.....	Kilogr.	"	"	72,028	43,216	"	"
Maïs......................	Hectol.	"	"	3,495	35,514	"	"
Avoine....................	Kilogr.	"	"	98,186	15,890	"	"
Gram.....................	Hectol.	"	"	73,769	1,997,626	"	"
Riz......................	Kilogr.	"	"	38,537,088	10,216,059	24,319	6,566
Légumes secs...............	Idem.	"	"	1,433,957	379,794	"	"

DÉSIGNATION des DENRÉES ET MARCHANDISES.	ESPÈCE des UNITÉS.	IMPORTATIONS PAR NAVIRES FRANÇAIS.				IMPORTATIONS par NAVIRES ÉTRANGERS	
		Par extraction des entrepôts de France.		Par extraction directe de l'étranger.			
		Quantités	Valeurs.	Quantités.	Valeurs.	Quantités.	Valeurs.
			fr.		fr.		fr.
Fruits de table { secs ou tapés.....	Kilogr.	"	"	89,803	45,496	"	"
autres..........	Idem.	"	"	15,500	15,500	"	"
Poivre	Idem.	"	"	26,182	26,182	"	"
Huiles .... { de coco.........	Idem.	"	"	175,374	175,374	135	135
de palma-christi..	Idem.	"	"	42,374	84,748	"	"
Bois communs.............	Valeur.	"	"	"	28,770	"	290
Lichens tinctoriaux..........	Kilogr.	"	"	189,850	189,850	"	"
Houille..................	Idem.	1,201,183	520,470	1,191,000	476,400	50,000	20,000
Fer en barres..............	Idem.	141,458	56,581	"	"	"	"
Tabacs fabriqués	Idem.	60	360	16,679	100,078	208	1,241
Tissus.... { de coton.......	Valeur.	"	67,330	"	3,662	"	6,494
d'écorce.........	Idem.	"	"	"	18,222	"	9,039
de soie.	Idem.	"	"	"	63,301	"	510
Armes à feu...............	Idem.	"	10,000	"	16,620	"	"
Poudre à tirer	Kilogr.	"	"	26,238	157,428	"	"
Ouvrages en divers métaux.....	Valeur.	"	200,158	"	849	"	"
Denrées et marchandises non dénommées ci-dessus.........	Idem.	"	265,295	"	288,317	"	25,922
Totaux.......	....	....	1,150,040	....	18,800,551	....	202,862
Valeur totale des marchandises étrangères importées à la Réunion........................	....	....	20,153,453 fr (1)				

(1) Il a été, en outre, importé de l'étranger à la Réunion une somme de 10,060 francs en numéraire.

2° *Exportations pour l'étranger.*

DÉSIGNATION des DENRÉES ET MARCHANDISES.	ESPÈCE des UNITÉS.	EXPORTATIONS EN DENRÉES et marchandises de la colonie.		EXPORTATIONS EN DENRÉES ET MARCHANDISES provenant de l'importation. Françaises [1].		Étrangères.	
		Quantités.	Valeurs [2]	Quantités.	Valeurs [2]	Quantités.	Valeurs [2]
			fr.		fr.		fr.
Viandes salées (de porc	Kilogr.	»	»	59,598	119,190	»	»
de bœuf	Idem.	»	»	9,450	9,450	250	250
Morue	Idem.	»	»	47,600	23,800	»	»
Pommes de terre	Idem.	150,778	34,294	»	»	»	»
Légumes secs	Idem.	36,400	10,105	46,614	11,048	»	»
Fruits de table secs ou tapés	Idem.	»	»	64,120	64,120	»	»
Sucre (brut	Idem.	1,517,617	738,858	8,933	4,467	»	»
de sirop	Idem.	1,865,571	499,793	»	»	»	»
Café	Idem.	41,882	79,157	»	»	8,161	13,058
Houille	Idem.	»	»	333,000	93,200	»	»
Sel	Idem.	»	»	470,770	47,077	»	»
Tabacs fabriqués	Idem.	1,002	6,012	»	»	334	2,004
Vins en futailles	Litre.	»	»	210,900	210,900	»	»
Vermouth	Idem.	»	»	101,585	202,150	»	»
Bière	Idem.	»	»	27,900	27,900	»	»
Eau-de-vie (de vin	Idem.	»	»	13,275	26,550	»	»
de mélasse	Idem.	75,738	45,442	»	»	12,520	7,632
Absinthe	Idem.	»	»	12,488	37,464	»	»
Liqueurs	Idem.	»	»	2,610	10,440	»	»
Tissus de coton	Valeur.	»	»	»	289,826	»	»
Papier et ses applications	Idem.	»	»	»	17,030	»	»
Chapeaux de paille	Pièce.	»	»	2,298	34,250	»	»
Sacs de vacoua	Idem.	25,460	12,730	30	300	»	»
Vannerie	Valeur.	»	»	»	21,622	»	»
Armes à feu de commerce	Kilogr.	»	»	3,663	18,278	9,066	42,780
Poudre à tirer	Idem.	»	»	8,275	49,650	15,311	91,860
Ouvrages (en fonte	Valeur.	»	»	»	27,582	»	6,870
en divers métaux	Idem.	»	»	»	66,838	»	7,987
Mercerie	Idem.	»	»	»	70,502	»	»
Denrées et marchandises non dénommées ci-dessus	Idem.	»	21,903	»	303,095	»	26
TOTAUX	....	....	1,448,294	....	1,587,320	....	172,467
VALEUR TOTALE des exportations de la Réunion pour l'étranger	....	....		3,208,090f [3]			

[1] Voir la note 1 du tableau n° 23, page 55.

[2] La répartition de ces valeurs par lieux de destination se trouve indiquée ci-après, page 165, dans le tableau n° 83 de la navigation commerciale.

[3] Il a été, en outre, exporté de la Réunion pour l'étranger une somme de 633,654 francs en numéraire pendant l'année 1862.

N° 43. — (RÉUNION.) — *Situation et mouvements des entrepôts réels de la colonie pendant l'année 1862.*

DÉSIGNATION des DENRÉES ET MARCHANDISES.	ESPÈCE des UNITÉS.	TAUX MOYEN d'évaluation.	MARCHANDISES en entrepôt au 31 décembre 1861.	MARCHANDISES ENTRÉES EN ENTREPÔT PENDANT L'ANNÉE 1862.			TOTAL GÉNÉRAL.	MARCHANDISES SORTIES D'ENTREPÔT PENDANT L'ANNÉE 1862.			Consommation locale.	TOTAL général.	MARCHANDISES restant en entrepôt au 31 décembre 1862.
				Lieux de provenance.	Valeurs.	TOTAL.		Lieux de destination.	Valeurs.	TOTAL.			
Café.................	Kilogr.	160f 00c	93,823f	Pondichéry............	1,680f	1,680f	95,503	Sydney.....................	240f	64,966f	3,960f	68,926f	26,577f
								Calcutta....................	2,320				
								Maurice....................	9,938				
								Madagascar................	2,618				
								France.....................	48,970				
								Martinique.................	160				
								Pondichéry.................	720				
Tabac en feuilles..........	Kilogr.	1 00	9,064	Pondichéry............	8,800	9,640	18,704	Sydney.....................	20	246	4,069	4,315	14,389
				Madagascar...........	840			Calcutta	33				
								Madagascar................	20				
								France.....................	173				
Dattes.................	Idem.	1 00	"	Mascate..............	78,100	78,100	78,100	Sydney.....................	63,800	63,800	7,100	70,900	7,200
Cigares.................	Idem.	6 00	27,522	Cocanada.............	33,420	90,462	117,984	Sydney.....................	510	5,226	94,338	99,564	18,420
				Coringuy.............	2,064			Calcutta....................	24				
				Sydney...............	9,102			Maurice....................	540				
				Calcutta	6,690			Madagascar................	1,464				
				Maurice..............	1,788			France.....................	1,398				
				France (entrepôt)......	360			Nossi-Bé...................	1,290				
				France...............	1,200								
				Pondichéry...........	35,838								
Vins en futailles.........	Litre.	1 00	117,290	Marseille.............	283,808	761,296	878,586	Chine......................	68,420	116,475	238,850	355,325	523,261
				Bordeaux.............	477,488			Batavia....................	220				
								Maurice....................	11,880				
								Madagascar................	10,340				
								France.....................	6,610				
								Pondichéry.................	2,860				
								Nossi-Bé...................	3,825				
								Sainte-Marie de Madagascar........	12,320				

DÉSIGNATION des DENRÉES ET MARCHANDISES.	ESPÈCE des UNITÉS.	TAUX MOYEN d'évaluation.	MARCHANDISES en entrepôt au 31 décembre 1861.	MARCHANDISES ENTRÉES EN ENTREPÔT PENDANT L'ANNÉE 1862. Lieux de provenance.	Valeurs.	TOTAL.	TOTAL GÉNÉRAL.	MARCHANDISES SORTIES D'ENTREPÔT PENDANT L'ANNÉE 1862. Lieux de destination.	Valeurs.	TOTAL.	Consommation locale.	TOTAL général.	MARCHANDISES restant en entrepôt au 31 décembre 1862.
Tissus de coton..........	Kilogr.	5f 00c	254,935f	Sydney .... Le Havre............. Pondichéry.......,...	2,750f 33,395 532,780	568,925f	823,860f	Maurice................... Madagascar.............:... France................... Nossi-Bé.................	15,050 118,755f 4,400 6,340	144,545f	296,320f	440,805f	382,995f
Vermouth...............	Litre.	2 00	15,526	Marseille............. Le Havre.............	104,840 352	105,192	120,816	Chine................... Batavia................. Calcutta................ Madagascar.............. France.................. Mayotte.................	1,460 1,200 432 2,136 46 1,912	7,216	13,882	21,098	99,720
Fusils.................	Kilogr.	5 00	176,425	Madagascar........... Le Havre (entrepôt)....	18,950 10,000	28,950	205,375	Madagascar...................	57,570	57,570	"	57,570	147,805
Poudre à tirer.............	Idem.	6 00	33,552	Maurice............. Madagascar........... Nantes...............	146,106 11,322 26,550	183,978	217,530	Madagascar...................	130,494	130,494	"	130,494	87,036
Articles non dénommés ci-dessus...............	Valeur.	....	115,597	États-Unis............. Sumatra............... Calcutta.............. Sydney .... Mascate............... Maurice............... Madagascar........... France (entrepôt)...... France................ Saint-Pierre et Miquelon. Pondichéry............ Ste-Marie de Madagascar.	355,910	355,910	471,507	Callao.................... Aden,..................... Chine..................... Sydney.................... Batavia................... Calcutta.................. Sainte-Hélène .... Iles Saint-Paul et Amsterdam .... Seychelles .... Maurice .... Madagascar .,............ France .... Martinique................ Pondichéry................ Mayotte .... Nossi-Bé.................. Sainte-Marie	155,553	155,553	104,778	260,331	211,176
TOTAUX........	....	....	843,834	....	2,184,133	2,184,133	3,027,967	....	746,091	746,091	763,297	1,509,388	1,518,579

N° 44. — (Sénégal. — Saint-Louis.) — *Tableau général de la valeur des importations et des exportations de l'année 1862.*

(D'après les tableaux publiés annuellement par l'Administration des douanes de France et les états de la douane coloniale.)

1° COMMERCE ENTRE LA FRANCE ET SAINT-LOUIS.

Exportations de France pour la colonie. (Commerce spécial.) [1]................(2) 4,860,204[f] ⎫
Importations de la colonie en France. (Commerce général.) [1]................(2) 6,796,915 ⎬ [3] [4] 11,657,119[f]

2° COMMERCE DE SAINT-LOUIS AVEC LES AUTRES COLONIES ET PÊCHERIES FRANÇAISES.

Importations des colonies et pêcheries françaises........................... 227,390[f] ⎫
                       ⎬ [4] 441,412

Exportations pour les autres colonies et pêcheries françaises.
     Denrées et marchandises de la colonie............. 93,406[f] ⎫
                      ⎬ 214,022
     Denrées et marchandises provenant de l'importation....
        Françaises........... 81,034[f] ⎫
                  ⎬ 120,616
        Étrangères .... 39,582 ⎭

3° COMMERCE DE SAINT-LOUIS AVEC L'ÉTRANGER.

Importations en marchandises étrangères.
     Par navires français.
        Des entrepôts de France. 3,354,433[f] ⎫
                 ⎬ 3,749,579[f]
        De l'étranger directem[nt]. 395,146 ⎭
     Par navires étrangers.......................... 2,661 ⎬ 3,752,240[f]

                     ⎬ [4] 4,187,897

Exportations pour l'étranger.
     Denrées et marchandises de la colonie............. 13,387 ⎫
                      ⎬ 435,657
     Denrées et marchandises provenant de l'importation....
        Françaises........... 422,131[f] ⎫
                  ⎬ 422,270
        Étrangères........... 139 ⎭

TOTAL GÉNÉRAL........................... 16,286,428

---

[1] On classe, en France, sous le titre de *commerce spécial* : 1° dans *l'exportation*, les marchandises *françaises* exportées ; 2° dans *l'importation*, tout ce qui a été importé définitivement, c'est-à-dire mis en consommation sous le payement des droits.

Sous le titre de *commerce général*, on comprend : 1° dans *l'importation*, tout ce qui est arrivé par navires français ou par navires étrangers, sans égard à la destination ultérieure des marchandises, soit pour la consommation, soit pour e transit, soit pour l'entrepôt ; 2° dans *l'exportation*, les marchandises *françaises et étrangères* exportées. (Voir d'ailleurs ci-dessus, page 49, la note 1 du tableau n° 19.)

[2] Ces chiffres représentent, en *valeurs actuelles*........ ⎧ Exportations.......... 3,831,533[f] ⎫
                   ⎬ 8,524,847[f]
                    ⎩ Importations......... 4,693,314 ⎭

[3] Dans ce chiffre n'est pas comprise la valeur du numéraire importé ; les importations de Saint-Louis en France ont été de 83,724 francs. Les exportations de même genre de France pour Saint-Louis ont été nulles en 1862.

[4] Les *mouvements des entrepôts de Saint-Louis sont compris dans ces chiffres* : le tableau ci-dessus représente, en conséquence, l'ensemble du commerce de la colonie en 1862.

N° 45. — (Sénégal. — Saint-Louis.) — *État détaillé, en quantités et valeurs, des denrées et marchandises exportées de France pour la colonie en 1862.*

(D'après le tableau de la douane de France. — Commerce spécial.) (¹)

DÉSIGNATION des DENRÉES ET MARCHANDISES.	ESPÈCE des UNITÉS.	QUANTITÉS EXPORTÉES de France pour Saint-Louis du Sénégal.	VALEURS des EXPORTATIONS de France pour Saint-Louis du Sénégal.
Viandes salées	Kilogr.	14,356	10,049ᶠ
Fromages	Idem.	9,936	6,955
Suif brut et saindoux	Idem.	21,370	11,754
Poissons marinés ou à l'huile	Idem.	3,852	9,630
Farine de froment	Idem.	4,792	95,840
Pain et biscuit de mer	Idem.	91,917	22,979
Riz en grains	Idem.	364,478	145,791
Légumes secs et leurs farines	Idem.	35,942	8,985
Sucre brut	Idem.	49,616	37,709
Mélasse	Idem.	39,505	11,852
Sirops, confitures et bonbons	Idem.	6,650	11,970
Café	Idem.	7,663	9,196
Huiles { d'olive	Idem.	8,195	13,932
Huiles { Autres	Idem.	22,745	35,173
Bois communs	Valeur.	"	50,919
Légumes salés ou confits	Kilogr.	9,306	7,445
Ardoises	Pièce.	352,790	17,639
Houille crue	Quintal.	46,530	69,795
Fer en barres	Kilogr.	24,738	6,184
Cuivre pur, battu ou laminé	Idem.	9,871	31,587
Zinc laminé	Idem.	9,856	7,885
Couleurs	Idem.	"	65,526
Parfumeries	Idem.	4,039	28,273
Médicaments composés	Valeur.	"	87,945
Savons ordinaires	Kilogr.	52,655	31,593
Acide stéarique ouvré	Idem.	8,425	42,125
Tabac fabriqué	Idem.	2,123	13,587
Sucre raffiné	Idem.	77,590	93,108
Chocolat et cacao simplement broyé	Idem.	1,516	10,612

(¹) Voir la note 1 du tableau précédent.

DÉSIGNATION des DENRÉES ET MARCHANDISES		ESPÈCE des unités.	QUANTITÉS EXPORTÉES de France pour Saint-Louis du Sénégal.	VALEURS des EXPORTATIONS de France pour Saint-Louis du Sénégal.
Vins — ordinaires	de la Gironde	Litre	148,090	56,310
	d'ailleurs	Idem	875,967	76,141
Vins — de liqueur		Idem	20,949	51,423
Bières		Idem	80,070	24,021
Eau-de-vie de vin (alcool)		Idem	92,777	60,305
Liqueurs (alcool)		Idem	17,131	51,303
Vitrifications		Valeur	"	60,268
Fils de toute sorte		Idem	"	80,105
Tissus	de lin et de chanvre	Idem	"	551,220
	de soie	Idem	"	17,400
	de laine	Idem	"	58,052
	de coton	Idem	"	1,800,006
Papier et ses applications		Idem	"	43,050
Ouvrages en peau ou en cuir		Idem	"	90,012
Chapeaux	de feutre	Idem	"	12,050
	de paille, etc.	Idem	"	8,811
Cordages de chanvre		Idem	"	37,050
Machines et mécaniques		Idem	"	10,024
Coutellerie		Idem	"	11,112
Armes pistolets à feu	de guerre	Idem	"	0,817
	de traite	Idem	"	7,005
Poudre à tirer		Idem	"	60,883
Ouvrages en divers métaux		Idem	"	111,408
Mercerie		Idem	"	90,702
Ouvrages en bois		Idem	"	36,570
Meubles de toute sorte		Idem	"	10,209
Parapluies et parasols		Idem	"	10,030
Pièces de lingerie cousues		Idem	"	43,800
Habillements neufs		Idem	"	202,500
Articles divers d'industrie parisienne		Idem	"	7,131
Denrées et marchandises non dénommées ci-dessus		Idem	"	131,334
Valeur TOTALE des exportations de France pour Saint-Louis du Sénégal (1)				4,800,204 (2)

(1) Il n'a été constaté, en 1852, aucune exportation en numéraire de France pour Saint-Louis.

(2) Cette somme représente, en valeurs actuelles, celle de 3,831,533 francs.

N° 46. — (SÉNÉGAL. — SAINT-LOUIS.) — *État détaillé, en quantités et valeurs, des denrées et marchandises importées de la colonie en France en 1862.*

(D'après le tableau de la douane de France. — Commerce général.) (¹)

DÉSIGNATION des DENRÉES ET MARCHANDISES.	ESPÈCE des UNITÉS.	QUANTITÉS IMPORTÉES de Saint-Louis du Sénégal en France.	VALEURS des IMPORTATIONS de Saint-Louis du Sénégal en France.
Peaux brutes, grandes.	Kilogr.	154,305	188,252^f
Cire jaune ou brune.	Idem.	9,129	18,258
Dents d'éléphants.	Idem.	2,172	15,421
Arachides.	Idem.	3,871,379	2,903,534
Sésame (Graines de).	Idem.	16,291	12,213
Autres graines oléagineuses.	Idem.	814,871	529,666
Gomme pure.	Idem.	2,086,576	2,921,206
Huile de palme.	Idem.	127,300	63,650
Bois de teinture.	Idem.	270,000	54,000
Objets de collection hors de commerce.	Valeur.	»	2,548
Denrées et marchandises non dénommées ci-dessus.	Idem.	»	88,162
VALEUR TOTALE des importations de Saint-Louis du Sénégal en France (²).			(³) 6,796,915

(¹) Voir la note 1 du tableau n° 44, page 100.

(²) Il a été constaté en outre, pour 1862, une importation en lingots de francs 85,794 de Saint-Louis en France.

(³) Cette somme représente, en valeurs actuelles, celle de 4,693,314 francs.

N° 47. — (Sénégal. — Saint-Louis.) — *État détaillé, en quantités et valeurs* [1], *des denrées et marchandises qui ont été l'objet du commerce de la colonie avec les autres colonies et pêcheries françaises en 1862.*

1° *Importations des colonies et pêcheries françaises.*

DÉSIGNATION des DENRÉES ET MARCHANDISES.	ESPÈCE des UNITÉS.	QUANTITÉS IMPORTÉES des colonies et pêcheries françaises à Saint-Louis du Sénégal.	VALEURS des IMPORTATIONS des colonies et pêcheries françaises à Saint-Louis du Sénégal [2].
Riz..	Kilogr.	28,155	9,054ᶠ
Tabac en feuilles....................................	Idem.	31,697	80,358
Bois communs.......................................	Valeur.	"	21,150
Tissus de coton......................................	Idem.	"	15,451
Ouvrages en bois	Idem.	"	55,703
Effets confectionnés.................................	Idem.	"	5,041
Armes à feu, de traite	Idem.	"	2,769
Denrées et marchandises non dénommées ci-dessus	Idem.	"	37,864
Valeur totale des importations des colonies et comptoirs français à Saint-Louis du Sénégal...............	....	....	227,390

[1] La répartition de ces valeurs par colonie et pêcherie se trouve indiquée ci-après, page 167, dans le tableau n° 85 de la navigation commerciale.

[2] Ce chiffre comprend, indépendamment des marchandises françaises et des marchandises étrangères nationalisées par le payement des droits d'entrée dans les autres colonies, celles de leur propre cru et les marchandises étrangères qui proviennent des entrepôts des mêmes colonies. Ces dernières marchandises représentent une valeur de 105,949 francs.

2° Exportations pour les colonies et pêcheries françaises.

DÉSIGNATION des DENRÉES ET MARCHANDISES.	ESPÈCE des UNITÉS.	EXPORTATIONS DES DENRÉES et marchandises de la colonie.		EXPORTATIONS DES DENRÉES ET MARCHANDISES provenant de l'importation.			
				Françaises (¹).		Étrangères.	
		Quantités.	Valeurs.	Quantités.	Valeurs.	Quantités.	Valeurs.
Bœufs......................	Tête.	255	17,850ᶠ	"	"	"	"
Riz........................	Kilogr.	"	"	34,550	13,520ᶠ	"	"
Mil........................	Barrique.	1,774	36,475	"	"	"	"
Tabac en feuilles............	Kilogr.	"	"	60	180	4,056	12,168ᶠ
Fer en barres...............	Idem.	"	"	10,112	4,550	"	"
Vin de Provence	Barrique.	"	"	100	10,000	"	"
Guinées de l'Inde...........	Pièce.	"	"	"	"	1,713	20,821
Autres tissus de coton........	Valeur.	"	"	"	9,108	"	"
Mercerie...................	Idem.	"	"	"	7,800	"	"
Denrées et marchandises non dé-nommées ci-dessus.........	Idem.	"	39,081	"	35,876	"	6,593
Totaux	....	....	93,406	....	81,034	....	39,582
Valeur totale des expor-tations de Saint-Louis du Sénégal pour les autres colonies françaises......	....	....		214,022ᶠ			

(¹) Sous le titre de *marchandises françaises*, on comprend, indépendamment des marchandises nationales, les marchandises étrangères qui ont été *nationalisées* par le payement des droits du tarif métropolitain, préalablement à leur introduction dans la colonie.

N° 48. — (SÉNÉGAL. — SAINT-LOUIS.) — *État détaillé, en quantités et valeurs* (¹), *des denrées et marchandises qui ont été l'objet du commerce de la colonie avec l'étranger en 1862.*

(D'après l'état de la douane coloniale.)

1° Importations en marchandises étrangères.

DÉSIGNATION des DENRÉES ET MARCHANDISES.	ESPÈCE des UNITÉS.	IMPORTATIONS PAR NAVIRES FRANÇAIS.				IMPORTATIONS par NAVIRES ÉTRANGERS.	
		Par extraction des entrepôts de France.		Par extraction directe de l'étranger.			
		Quantités.	Valeurs.	Quantités.	Valeurs.	Quantités.	Valeurs.
Cire nette	Kilogr.	"	"	14,957	45,171ᶜ	"	"
Pommes de terre	Idem.	"	"	41,400	8,280	"	"
Riz	Idem.	"	"	186,444	60,713	675	270ᶜ
Arachides en coques	Idem.	"	"	210,486	54,716	"	"
Amandes de palme	Idem.	"	"	43,361	10,840	"	"
Tabac en feuilles	Idem.	161,147	446,681ᶜ	13,041	39,124	"	"
Sucre non raffiné	Idem.	81,703	61,528	150	112	"	"
Café du Rio-Nunez	Idem.	"	"	1,816	5,219	"	"
Huile de palme	Idem.	"	"	31,012	23,356	"	"
Bois communs	Valeur.	"	60,668	"	4,108	"	"
Légumes verts	Kilogr.	"	"	25,588	12,704	"	"
Pierres à paver	Millier.	"	"	9,077	12,471	"	"
Fer en barres	Kilogr.	125,285	66,370	"	"	"	"
Vin de Madère	Litre.	"	"	2,234	5,585	"	"
Verroteries	Valeur.	"	13,521	"	"	"	"
Guinées de l'Inde	Pièce.	209,233	2,580,038	6,800	81,600	"	"
Autres tissus de coton	Valeur.	"	103,626	"	3,776	"	395
Poudre à tirer	Kilogr.	1,768	3,179	"	"	"	"
Armes à feu, de traite	Valeur.	"	5,922	"	50	"	125
Denrées et marchandises non dénommées ci-dessus	Idem.	"	12,900	"	27,231	"	1,571
TOTAUX	....	....	3,354,433	....	395,146	....	2,661
VALEUR TOTALE des marchandises étrangères importées à Saint-Louis du Sénégal	....	....	3,752,240ᶠ				

(¹) La répartition de ces valeurs par lieu de provenance se trouve indiquée ci-après, page 168, dans le tableau n° 86 de la navigation commerciale.

2° Exportations pour l'étranger.

DÉSIGNATION des DENRÉES ET MARCHANDISES.	ESPÈCE des UNITÉS.	EXPORTATIONS EN DENRÉES et marchandises de la colonie.		EXPORTATIONS EN DENRÉES ET MARCHANDISES provenant de l'importation.			
				Françaises (1).		Étrangères.	
		Quantités.	Valeurs (2)	Quantités.	Valeurs (2)	Quantités.	Valeurs (2)
Mil..........................	Barrique.	430	8,600f	"	"	"	"
Tabac en feuilles............	Kilogr.	"	"	10,540	29,513f	"	"
Sucre raffiné................	Idem.	"	"	5,692	6,831	"	"
Tabac à fumer................	Idem.	"	"	3,400	27,200	"	"
Chocolat.....................	Idem.	"	"	8,940	35,760	"	"
Vin de Bordeaux..............	Caisse.	"	"	325	6,500	"	"
Eau-de-vie de vin............	Litre.	"	"	117,636	61,842	"	"
Fils de toute sorte..........	Valeur.	"	"	"	115,248	"	"
Guinées de l'Inde............	Pièce.	"	"	1,870	22,575	"	"
Autres tissus de coton.......	Valeur.	"	"	"	47,777	"	"
Effets à usage..............	Idem.	"	"	"	8,879	"	"
Poudre à tirer..............	Kilogr.	"	"	4,232	7,618	"	"
Denrées et marchandises non dénommées ci-dessus.........	Valeur.	"	4,787	"	52,388	"	139f
Totaux................	....	....	13,387	....	422,131	....	139
Valeur totale des exportations de Saint-Louis du Sénégal pour l'étranger...	....	....		435,657f			

(1) Voir la note 1 du tableau n° 23, page 55.

(2) La répartition de ces valeurs par lieu de destination se trouve indiquée ci-après, page 168, dans le tableau n° 86 de la navigation commerciale.

Nº 49. — (SÉNÉGAL. — SAINT-LOUIS.) — Situation et mouvements de l'entrepôt fictif de la colonie pendant l'année 1862.

DÉSIGNATION des DENRÉES ET MARCHANDISES.	ESPÈCE des UNITÉS.	TAUX MOYEN d'évaluation.	MARCHANDISES en entrepôt au 31 décembre 1861.	MARCHANDISES ENTRÉES EN ENTREPÔT — Lieux de provenance.	Valeurs.	TOTAL.	TOTAL GÉNÉRAL.	MARCHANDISES SORTIES D'ENTREPÔT — Lieux de destination.	Valeurs.	TOTAL.	Consommation locale.	TOTAL GÉNÉRAL.	MARCHANDISES restant en entrepôt au 31 décembre 1862.
Cire nette	Kilogr.	A	660f	Étranger	37,995f	37,995f	38,655f	France	28,941f	28,941f	102f	29,043f	9,612f
Riz de l'Inde, brisé	Idem.	"	16,957	France	43,220	62,640	79,597	Colonies françaises	12,820	12,820	58,805	71,625	7,972
				Étranger	19,420								
Arachides en coques	Idem.	"	"	Étranger	54,716	54,716	54,716	France	13,944	13,944	3,359	17,303	37,413
Sucre raffiné	Idem.	"	8,054	France	29,127	29,127	37,181	Étranger	1,384	1,384	24,457	25,841	11,340
Tabac en feuilles	Idem.	"	59,634	France (entrepôts)	230,281	283,908	343,542	Colonies françaises	12,168	36,294	296,472	332,766	10,776
				Colonies françaises	14,502			Étranger	24,126				
				Étranger	39,125								
Huile de palme	Idem.	"	3,790	Étranger	20,786	20,786	24,576	France	10,748	10,748	2,427	13,175	11,401
Fer en barres	Idem.	"	18,221	France	2,371	38,774	56,995	Étranger	332	4,882	36,115	42,997	13,998
				France (entrepôts)	36,403			Colonies françaises	4,550				
Eau-de-vie en futailles	Litre.	"	12,847	France	60,497	62,897	75,744	Colonies françaises	1,080	34,528	28,345	62,873	12,871
				Colonies françaises	2,400			Étranger	33,448				
Guinées de l'Inde	Pièce.	"	562,343	France (entrepôts)	1,436,753	1,518,353	2,080,696	France	81,000	122,800	1,957,896	2,080,696	"
				Étranger	81,600			Colonies françaises	18,625				
								Étranger	22,575				
Autres tissus de coton	Valeur.	"	183,812	France	320,146	342,209	526,021	France	6,197	39,163	218,068	257,231	268,790
				France (entrepôts)	18,287			Colonies françaises	2,432				
				Étranger	3,776			Étranger	30,534				
Cordages de chanvre	Kilogr.	"	2,636	France	27,244	27,244	29,880	....	"	"	13,194	13,194	16,686
Armes à feu, de traite	Valeur.	,	4,313	France	6,298	9,015	13,328	Étranger	725	725	9,366	10,091	3,237
				Colonies françaises	2,717								
Poudre à tirer, de traite	Kilogr.	"	6,760	France	9,450	12,629	19,389	....	"	"	13,708	13,708	5,681
				France (entrepôts)	3,179								
Articles non dénommés ci-dessus	Valeur.	"	182,271	Étranger		506,618	688,889	Étranger	46,253	46,253	405,477	451,730	237,159
				France (entrepôts)	506,618			France					
				France				Colonies françaises					
				Colonies françaises									
Totaux	....	....	1,062,298	....		3,006,911	4,069,209	....	352,482	352,482	3,069,701	3,422,273	646,936
						3,006,911							

N° 50. — (Sénégal. — Gorée.) — Tableau général de la valeur des importations et des exportations de l'année 1862.

(D'après les tableaux publiés annuellement par l'Administration des douanes de France et les états de la douane coloniale.)

1° COMMERCE ENTRE LA FRANCE ET GORÉE.

Exportations de France pour la colonie. (Commerce spécial.) (1).....................(2) 3,571,348ᶠ
Importations de la colonie en France. (Commerce général.) (1).....................(2) 5,389,578

(2) (4) 8,960,926ᶠ

2° COMMERCE DE GORÉE AVEC LES AUTRES COLONIES ET COMPTOIRS FRANÇAIS.

Importations des colonies et comptoirs français............................. 702,874ᶠ

Exportations pour les autres colonies et comptoirs français.
— Denrées et marchandises de la colonie............... „
— Denrées et marchandises provenant de l'importation....
  — Françaises 518,211ᶠ
  — Étrangères .... 551,039 } 1,069,250ᶠ } 1,069,250

(4) 1,772,124

3° COMMERCE DE GORÉE AVEC L'ÉTRANGER.

Importations en marchandises étrangères.
— Par navires français.
  — Des entrepôts de France. 1,546,249ᶠ
  — De l'étranger directem". 865,356 } 2,411,605ᶠ
— Par navires étrangers.............................. 492,194 } 2,903,799ᶠ

Exportations pour l'étranger.
— Denrées et marchandises de la colonie............... „
— Denrées et marchandises provenant de l'importation.....
  — Françaises.......... 703,434ᶠ
  — Étrangères.......... 1,169,190 } 1,872,624 } 1,872,624

(4) 4,776,423

TOTAL GÉNÉRAL................................ (4) 15,509,473

---

(1) Voir à la page 100, note 1 du tableau n° 44, la définition des mots *Commerce spécial* et *Commerce général*.

(2) Ces chiffres représentent, en *valeurs actuelles*........
  Exportations.......... 3,092,025ᶠ
  Importations.......... 3,413,914 } 6,500,839ᶠ

(4) Dans ce chiffre n'est pas comprise la valeur des exportations et des importations en numéraire ; les premières ont été de 107,000 francs ; les dernières, de 208,170 francs.

(4) Les mouvements des entrepôts de Gorée sont compris dans ces chiffres : le tableau ci-dessus représente, en conséquence, l'ensemble du commerce de la colonie en 1862.

N° 51. — (SÉNÉGAL. — GORÉE.) — *État détaillé, en quantités et valeurs, des denrées et marchandises exportées de France pour la colonie en 1862.*

(D'après le tableau de la douane de France. — Commerce spécial.) [1].

DÉSIGNATION des DENRÉES ET MARCHANDISES.	ESPÈCE des UNITÉS.	QUANTITÉS EXPORTÉES de France pour Gorée.	VALEURS des EXPORTATIONS de France pour Gorée.
Viandes salées	Kilogr.	17,702	12,391ᶠ
Suif brut et saindoux	Idem.	11,247	6,285
Poissons marinés ou à l'huile	Idem.	3,074	7,685
Farine de froment	Quintal.	2,099	41,980
Pain et biscuit de mer	Kilogr.	49,592	12,398
Riz en grains	Idem.	117,712	47,085
Sirops, confitures et bonbons	Idem.	7,403	13,325
Huiles .... { d'olives	Idem.	4,855	8,253
Autres	Idem.	11,436	14,111
Bois communs	Valeur.	"	37,230
Chaux	Quintal.	1,618	8,090
Ardoises	Pièce.	225,000	11,250
Moellons et déchets de pierres	Quintal.	3,100	15,500
Houille crue	Idem.	26,481	39,721
Couleurs	Idem.	"	31,011
Parfumeries	Idem.	2,036	14,252
Médicaments composés	Valeur.	"	35,040
Savons ordinaires	Kilogr.	29,330	17,598
Acide stéarique ouvré	Idem.	7,038	35,190
Tabac fabriqué ou seulement préparé	Idem.	2,139	15,610
Sucre raffiné	Idem.	47,847	57,416
Vins .... { ordinaires .. { de la Gironde	Litre.	350,590	144,936
d'ailleurs	Idem.	236,052	60,061
de liqueur	Idem.	21,373	24,043
Bière	Idem.	29,049	8,715

DÉSIGNATION des DENRÉES ET MARCHANDISES.	ESPÈCE des UNITÉS.	QUANTITÉS EXPORTÉES de France pour Gorée.	VALEURS des EXPORTATIONS de France pour Gorée.
Eaux-de-vie... { de vin (alcool)............................	Litre.	143,296	93,142ᶠ
Eaux-de-vie... { autres (alcool)............................	Idem.	15,731	9,441
Liqueurs (alcool)...................................	Idem.	36,397	109,191
Vitrifications.......................................	Valeur.	"	49,922
Fils de toute sorte..................................	Idem.	"	158,550
Tissus....... { de lin et de chanvre..................	Idem.	"	354,758
Tissus....... { de soie...............................	Idem.	"	14,260
Tissus....... { de laine..............................	Idem.	"	27,290
Tissus....... { de coton..............................	Idem.	"	1,271,845
Papier et ses applications..........................	Idem.	"	20,462
Nattes ou tresses pour paillassons..................	Idem.	"	7,560
Ouvrages en peau ou en cuir........................	Idem.	"	46,584
Pelleteries ouvrées	Idem.	"	11,425
Corail taillé non monté.............................	Idem.	"	41,400
Cordages de chanvre................................	Idem.	"	16,374
Poudre à tirer......................................	Kilogr.	28,833	86,499
Instruments aratoires...............................	Idem.	4,790	23,950
Autres outils.......................................	Idem.	12,033	31,324
Ouvrages en divers métaux..........................	Valeur.	"	61,178
Mercerie...	Idem.	"	42,952
Ouvrages en bois...................................	Idem.	"	14,924
Meubles de toute sorte..............................	Idem.	"	16,318
Pièces de lingerie cousues..........................	Idem.	"	66,300
Habillements neufs..................................	Idem.	"	149,820
Denrées et marchandises non dénommées ci-dessus...........	Idem.	"	126,703
VALEUR TOTALE des exportations de France pour Gorée (¹)...	....	....	3,571,348 (²)

(¹) Il a été constaté, pour 1862, une exportation en numéraire et en lingots de 107,000 fr. de France pour Gorée.
(²) Cette somme représente, en *valeurs actuelles*, celle de 3,092,925 francs.

N° 52. — (SÉNÉGAL. — GORÉE.) — *État détaillé, en quantités et valeurs, des denrées et marchandises importées de la colonie en France en 1862.*

(D'après le tableau de la douane de France. — Commerce général.) [1]

DÉSIGNATION des DENRÉES ET MARCHANDISES.	ESPÈCE des UNITÉS.	QUANTITÉS IMPORTÉES de Gorée en France.	VALEURS des IMPORTATIONS de Gorée en France.
Peaux brutes, grandes....	Kilogr.	139,047	169,637ᶠ
Cire jaune ou brune....	*Idem.*	96,371	192,742
Arachides....	*Idem.*	6,337,025	4,752,769
Graines oléagineuses....	*Idem.*	212,152	139,541
Résines de copal et dammar....	*Idem.*	4,680	11,232
Huile de palme....	*Idem.*	112,645	56,323
Bois de teinture et d'ébénisterie....	Valeur.	"	48,558
Cuivre pur de première fusion....	Kilogr.	3,103	6,206
Denrées et marchandises non dénommées ci-dessus....	Valeur.	"	12,570
VALEUR TOTALE des importations de Gorée en France [2]...	....	....	5,389,578 [3]

[1] Voir la note 1 du tableau n° 5o.

[2] Il a été constaté en outre, en 1862, une importation en or et argent de 208,170 francs.

[3] Cette somme représente, en *valeurs actuelles*, celle de 3,413,914 francs.

N° 53. — (SÉNÉGAL. — GORÉE.) — *État détaillé, en quantités et valeurs* (¹)*, des denrées et marchandises qui ont été l'objet du commerce de la colonie avec les autres colonies et pêcheries françaises en 1862.*

1ᵉ Importations.

DÉSIGNATION des DENRÉES ET MARCHANDISES.	ESPÈCE des UNITÉS.	QUANTITÉS IMPORTÉES des colonies et pêcheries françaises à Gorée.	VALEURS des IMPORTATIONS des colonies et pêcheries françaises à Gorée.
Cire nette..	Kilogr.	34,307	103,221ᶠ
Peaux de bœuf..	Idem.	16,986	14,169
Riz...	Idem.	39,173	12,152
Mil...	Barrique.	1,323	27,440
Arachides en coques......................................	Kilogr.	1,059,337	431,428
Amandes de palme...	Idem.	27,725	6,931
Tabac en feuilles..	Idem.	4,210	12,630
Ambre...	Valeur.	"	8,009
Chaux...	Barrique.	580	5,800
Fer en barres...	Kilogr.	5,050	2,677
Sel marin...	Idem.	80,040	2,573
Vins en futailles.......................................	Barrique.	60	7,600
Guinées de l'Inde.......................................	Pièce.	1,053	20,004
Autres tissus de coton..................................	Valeur.	"	16,208
Denrées et marchandises non dénommées ci-dessus.........	Idem.	"	31,372
VALEUR TOTALE des importations des colonies et comptoirs français à Gorée...............	....	....	702,874

(¹) La répartition de ces valeurs par colonie et comptoir se trouve indiquée ci-après, page 170, dans le tableau n° 88 de la navigation commerciale.

(²) Ce chiffre comprend, indépendamment des marchandises françaises et des marchandises étrangères nationalisées par le payement des droits d'entrée dans les autres colonies, celles de leur propre cru et les marchandises étrangères qui proviennent des entrepôts des mêmes colonies. — Ces dernières marchandises représentent une valeur de 652,745 francs.

2° Exportations pour les colonies et pêcheries françaises.

DÉSIGNATION des DENRÉES ET MARCHANDISES.	ESPÈCE des UNITÉS.	EXPORTATIONS EN DENRÉES et marchandises de la colonie.		EXPORTATIONS EN DENRÉES ET MARCHANDISES provenant de l'importation.			
				Françaises (¹).		Étrangères (¹).	
		Quantités.	Valeurs.	Quantités.	Valeurs.	Quantités.	Valeurs.
Bœufs....................	Tête.	"	"	"	"	275ᶠ	19,250
Cire....................	Kilogr.	"	"	"	"	7,045	14,164
Farine de froment...........	Baril.	"	"	104	6,210ᶠ	"	"
Riz....................	Kilogr.	"	"	"	"	23,139	7,773
Tabac en feuilles...........	Idem.	"	"	"	"	58,722	159,931
Bois communs.............	Valeur.	"	"	"	3,563	"	18,515
Ambre..................	Idem.	"	"	"	43,775	"	"
Fer en barres.............	Kilogr	"	"	"	"	72,011	31,655
Vin de Bordeaux...........	Barrique.	"	"	74	9,020	"	"
Eau-de-vie { de vin.........	Litre.	"	"	32,720	16,778	"	"
Eau-de-vie { de mélasse......	Idem.	"	"	"	"	10,140	6,082
Verroteries...............	Valeur.	"	"	"	"	"	12,458
Guinées de l'Inde...........	Pièce.	"	"	"	"	9,350	113,625
Autres tissus de coton........	Valeur.	"	"	"	278,481	"	47,885
Corail taillé..............	Idem.	"	"	"	46,250	"	"
Armes à feu..............	Idem.	"	"	"	"	"	83,720
Armes blanches...........	Idem.	"	"	"	"	"	7,236
Poudre de traite...........	Kilogr.	"	"	17,583	31,549	5,000	9,000
Cardes à coton............	Valeur.	"	"	"	"	"	5,364
Denrées et marchandises non dénommées ci-dessus.........	Idem.	"	"	"	82,585	"	14,381
Totaux............	....	....	"	....	518,211	....	551,039
Valeur totale des exportations de Gorée pour les autres colonies et comptoirs français...........	....	....	1,069,250ᶠ (¹)				

(¹) Voir la note 1 du tableau n° 47, page 105.

N° 54. — (SÉNÉGAL. — GORÉE.) — *État détaillé, en quantités et valeurs* (¹)*, des denrées et marchandises qui ont été l'objet du commerce de la colonie avec l'étranger en 1862.*

(D'après l'état de la douane coloniale.)

1° Importations en marchandises étrangères.

DÉSIGNATION des DENRÉES ET MARCHANDISES.	ESPÈCE des UNITÉS.	IMPORTATIONS PAR NAVIRES FRANÇAIS.				IMPORTATIONS par NAVIRES ÉTRANGERS.	
		Par extraction des entrepôts de France.		Par extraction directe de l'étranger.			
		Quantités.	Valeurs.	Quantités.	Valeurs.	Quantités.	Valeurs.
			fr.		fr.		fr.
Riz	Kilogr.	146,305	60,568	174,460	64,339	4,425	3,007
Mil	Barrique.	"	"	744	19,425	"	"
Arachides	Kilogr.	"	"	1,035,471	269,232	"	"
Amandes de palme	Idem.	"	"	132,030	32,010	"	"
Sucre brut	Idem.	38,313	28,857	"	"	"	"
Café	Idem.	9,687	20,190	"	"	"	"
Tabac en feuilles	Idem.	131,577	370,542	30,013	90,039	109,850	298,130
Huile de palme	Idem.	"	"	13,237	10,590	"	"
Bois communs	Valeur.	"	2,630	"	14,647	"	23,445
Chaux	Barrique.	"	"	1,743	17,430	"	"
Houille crue	Kilogr.	837,000	54,060	"	"	"	"
Ambre	Valeur.	"	13,130	"	"	"	"
Coquilles à chaux	Barrique.	"	"	3,760	13,390	"	"
Fer en barres	Kilogr.	140,715	53,284	5,000	2,250	"	"
Eau-de-vie de mélasse	Litre.	83,695	48,453	3,200	1,700	103,371	111,850
Geniévre	Idem.	18,702	14,239	"	"	"	"
Verroteries	Valeur.	"	31,040	"	1,300	"	"
Cotons filés	Kilogr.	3,900	20,985	"	"	"	"
Guinées de l'Inde	Pièce.	22,250	271,005	"	"	"	"
Autres tissus de coton	Valeur.	"	383,396	"	34,288	"	1,260
Coutellerie	Idem.	"	12,004	"	"	"	"
Armes à feu	Idem.	"	111,139	"	3,125	"	"
Armes blanches	Idem.	"	15,073	"	"	"	"
Poudre de traite	Kilogr.	"	"	12,955	23,319	600	1,080
Ancres et grappins	Idem.	844	1,055	9,870	12,337	"	"
Cardes à coton	Douzaine.	"	"	"	"	636	11,458
Denrées et marchandises non dénommées ci-dessus	Valeur.	"	33,699	"	254,075	"	41,874
TOTAUX			1,546,249		865,356		492,104
VALEUR TOTALE des marchandises étrangères importées à Gorée					2,903,709ᶠ		

2° Exportations pour l'étranger.

DÉSIGNATION des DENRÉES ET MARCHANDISES.	ESPÈCE des UNITÉS.	EXPORTATIONS EN DENRÉES et marchandises de la colonie.		EXPORTATIONS EN DENRÉES ET MARCHANDISES provenant de l'importation.			
		Quantités.	Valeurs[2]	Françaises[1].		Étrangères.	
				Quantités.	Valeurs[2]	Quantités.	Valeurs[2]
			fr.		fr.		fr.
Bœufs	Tête.					.96	6,720
Farine de froment	Baril.			254	14,660		
Riz	Kilogr.			71,256	30,700	35,200	13,560
Mil	Barrique.					975	22,020
Arachides	Kilogr.					957,237	248,884
Sucre raffiné	Idem.			16,689	20,027		
Tabac en feuilles	Idem.					82,052	337,946
Fer en barres	Idem.					54,474	20,273
Savon	Idem.			7,540	7,540		
Tabacs fabriqués	Idem.			842	6,936		
Vin de Bordeaux	Barrique.			250	29,280		
Eaux-de-vie	Litre.			98,367	77,093		
Absinthe	Caisse.			413	11,660		
Eau-de-vie de mélasse	Litre.					260,154	152,154
Verroteries	Valeur.						43,652
Fils de toute sorte	Idem.				37,455		11,060
Guinées de l'Inde	Pièce.					16,174	197,888
Autres tissus de coton	Valeur.				231,093		34,946
Corail taillé	Idem.				16,436		
Armes à feu	Idem.				29,471		20,547
Armes blanches	Idem.				7,680		13,410
Poudre de traite	Kilogr.			6,638	11,949	12,000	21,600
Articles de Paris	Valeur.				13,195		
Cardes à coton	Idem.						7,258
Denrées et marchandises non dénommées ci-dessus	Idem.				164,258		16,642
TOTAUX					703,434		1,109,190
VALEUR TOTALE des exportations de Gorée pour l'étranger				1,572,624			

(1) Voir la note 1 du tableau n° 25, page 55.

(2) La répartition de ces valeurs par lieu de destination se trouve indiquée ci-après, page 171, dans le tableau n° 89 de la navigation commerciale.

N.° 55. — (ÎLES SAINT-PIERRE ET MIQUELON.) — *Tableau général de la valeur des importations et des exportations de l'année 1862.*

(D'après les états de la douane coloniale.)

1.° COMMERCE ENTRE LA FRANCE ([1]) ET LES ÎLES SAINT-PIERRE ET MIQUELON.

Importations de France.. 1,340,211^f   } 2,474,683^f
Exportations pour France... 1,134,472   }

2.° COMMERCE DES ÎLES SAINT-PIERRE ET MIQUELON AVEC LES AUTRES COLONIES ET PÊCHERIES FRANÇAISES.

Importations des colonies françaises.. 42,097^f

Exportations pour les colonies françaises........ {
Denrées et marchandises de la colonie....... 2,780,765^f
Denrées et marchandises provenant de l'importation..... { Françaises.   "   Étrangères. 164,118^f } 164,118 } 2,944,883 } 2,986,980

3.e COMMERCE DES ÎLES SAINT-PIERRE ET MIQUELON AVEC L'ÉTRANGER.

Importations en marchandises étrangères....... {
Par navires français..................... 394,567^f
Par navires étrangers.................... 1,751,888 } 2,146,455^f
} 3,335,098
Exportations pour l'étranger... 1,188,643 }

TOTAL GÉNÉRAL................................ 8,796,761

([1]) Les chiffres du tableau de la douane de France ne peuvent être employés pour les îles Saint-Pierre et Miquelon, attendu qu'ils s'appliquent indistinctement au commerce de ces îles et à celui de la pêche en général. Les valeurs indiquées ici sont extraites des états fournis par la douane coloniale, qui prend pour bases les valeurs portées dans les acquits-à-caution.

N° 56. — (ILES SAINT-PIERRE ET MIQUELON.) — *État détaillé, en quantités et valeurs, des denrées et marchandises importées de France dans la colonie en 1862.*

(D'après l'état de la douane coloniale.) [1]

DÉSIGNATION des DENRÉES ET MARCHANDISES.	ESPÈCE des UNITÉS.	QUANTITÉS IMPORTÉES de France aux îles Saint-Pierre et Miquelon.	VALEURS des IMPORTATIONS de France aux îles Saint-Pierre et Miquelon.
Viandes salées..	Kilogr.	24,913	28,437f
Beurre salé..	Idem.	63,645	120,489
Graisse et suif..	Idem.	8,874	15,333
Biscuit de mer..	Idem.	73,663	38,426
Légumes secs..	Idem.	28,951	11,284
Café..	Idem.	8,649	15,553
Thé..	Idem.	1,900	7,347
Huiles....... { d'olive..	Idem.	6,512	15,122
Autres..	Idem.	12,238	15,137
Bois feuillard..	Brin.	316,600	16,130
Sel de pêche..	Kilogr.	7,065,409	221,712
Chandelles et blanc de baleine..	Idem.	3,774	6,379
Sucre en pains..	Idem.	33,839	31,858
Savon..	Idem.	16,935	16,078
Vin..	Litre.	86,677	36,016
Eaux-de-vie et esprit de vin..	Idem.	94,512	61,663
Tissus....... { de lin ou de chanvre..	Valeur.	"	17,140
de coton..	Idem.	"	17,274
de laine..	Idem.	"	34,868
mélangés..	Idem.	"	9,701
Cordages de chanvre..	Kilogr.	67,879	72,202
Filets et ustensiles de pêche..	Valeur.	"	49,484
Clous et quincaillerie..	Idem.	"	24,052
Chaussures..	Idem.	"	74,046
Mercerie..	Idem.	"	8,655
Ancres, chaînes et grappins..	Kilogr.	21,188	10,594
Habillements confectionnés..	Valeur.	"	10,964
Articles divers d'industrie parisienne..	Idem.	"	19,994
Denrées et marchandises non dénommées ci-dessus..	Idem.	"	334,273
VALEUR TOTALE des importations de France aux îles Saint-Pierre et Miquelon..	....	....	1,340,211

[1] Voir la note du tableau précédent.

N° 57. — (ILES SAINT-PIERRE ET MIQUELON.) — *État détaillé, en quantités et valeurs, des denrées et marchandises exportées de la colonie pour France en 1862.*

(D'après l'état de la douane coloniale.) (¹)

DÉSIGNATION des DENRÉES ET MARCHANDISES.	ESPÈCE des UNITÉS.	QUANTITÉS EXPORTÉES de la colonie pour France.	VALEURS des EXPORTATIONS de la colonie pour France.
Cuirs verts....................................	Kilogr.	30,775	18,609ⁱ
Morues { verte....................................	Nombre.	1,004,380	401,752
Morues { sèche....................................	Kilogr.	803,472	289,249
Morues vertes et sèches, issues de morue, etc...............	Idem.	316,590	63,318
Rogues......................................	Idem.	25,502	5,100
Huile de morue....................................	Idem.	570,596	342,357
Bois communs....................................	Valeur.	"	10,366
Denrées et marchandises non dénommées ci-dessus............	Valeur.	"	3,721
VALEUR TOTALE des exportations de la colonie pour France....................................	....	....	1,134,472

(¹) Voir la note du tableau n° 55, page 118.

N° 58. — (ILES SAINT-PIERRE ET MIQUELON.) — *État détaillé, en quantités et valeurs* ([1]), *des denrées et marchandises qui ont été l'objet du commerce de la colonie avec les autres colonies et pêcheries françaises en 1862.*

(D'après l'état de la douane coloniale.)

DÉSIGNATION des DENRÉES ET MARCHANDISES.	ESPÈCE des UNITÉS.	1° IMPORTATIONS		2° EXPORTATIONS.					
		QUANTITÉS importées des colonies et pêcheries françaises aux îles St-Pierre et Miquelon.	VALEURS des importations des colonies et pêcheries françaises aux îles St-Pierre et Miquelon.	EXPORTATIONS en denrées et marchandises de la colonie.		EXPORTATIONS en denrées et marchandises provenant de l'importation.			
						Françaises.		Étrangères.	
				Quantités.	Valeurs.	Quantités.	Valeurs.	Quantités.	Valeurs.
			fr.		fr.				fr.
Morue sèche..........	Kilogr.	"	"	7,724,349	2,780,765	"	"	"	"
Boucauts montés.......	Nombre.	"	"	"	"	"	"	27,353	164,118
Mélasse.............	Kilogr.	44,156	12,596	"	"	"	"	"	"
Rhum et tafia........	Litre.	23,855	9,811	"	"	"	"	"	"
Vin................	Idem.	26,440	10,180	"	"	"	"	"	"
Denrées et marchandises non dénommées ci-dessus............	Valeur.	"	9,510	"	"	"	"	"	"
TOTAUX........	....	"	42,097	"	2,780,765	"	"	"	164,118
							2,944,883ᶠ		

([1]) Voir, page 174, le tableau n° 91.

N° 59. — (Iles Saint-Pierre et Miquelon.) — *État détaillé, en quantités et valeurs* [1], *des denrées et marchandises qui ont été l'objet du commerce de la colonie avec l'étranger en 1862.*

(D'après l'état de la douane coloniale.)

DÉSIGNATION des DENRÉES ET MARCHANDISES.	ESPÈCE des UNITÉS.	IMPORTATIONS EN MARCHANDISES ÉTRANGÈRES par navires français.		par navires étrangers.		EXPORTATIONS pour L'ÉTRANGER.	
		Quantités.	Valeurs.	Quantités.	Valeurs.	Quantités.	Valeurs.
			fr.		fr.		fr.
Bœufs.	Tête.	″	″	593	35,580	″	″
Moutons.	Idem.	″	″	1,236	24,720	″	″
Viandes salées.	Kilogr.	16,806	9,314	38,256	23,708	18,000	23,400
Beurre salé.	Idem.	″	″	13,963	19,714	16,743	33,178
Graisse et suif.	Idem.	3,191	3,209	11,847	11,847	″	″
Morue sèche.	Idem.	″	″	″	″	1,799,464	647,807
Harengs et capelans.	Valeur.	″	7,250	″	215,000	″	″
Farine.	Idem.	349,560	104,868	1,186,830	337,894	350,000	157,500
Biscuit de mer.	Kilogr.	1,250	1,250	21,919	11,686	″	″
Huile à brûler.	Idem.	2,047	2,047	6,298	6,298	″	″
Brai et goudron.	Idem.	900	270	7,000	2,246	38,000	19,000
Sucre brut.	Idem.	924	769	24,000	19,200	3,000	3,000
Mélasse.	Idem.	14,600	4,380	136,030	40,809	10,000	4,500
Café.	Idem.	2,307	3,691	10,700	17,120	13,466	34,015
Thé.	Idem.	1,617	5,659	17,905	62,668	1,000	3,000
Bois communs.	Valeur.	″	2,066	″	284,553	″	2,860
Sel.	Kilogr.	4,685,375	147,024	″	″	″	″
Charbon de terre.	Idem.	996,000	24,900	125,000	3,125	″	″
Chandelles et blanc de baleine.	Idem.	4,177	5,126	8,380	10,056	″	″
Tabac fabriqué.	Idem.	5,267	10,514	21,831	43,662	3,000	6,000
Vin.	Litre.	″	″	″	″	14,528	8,716
Eaux-de-vie { de vin.	Idem.	″	″	″	″	45,000	45,000
{ de mélasse.	Idem.	29,285	11,814	102,653	43,708	25,000	12,500
Tissus.. { de coton.	Valeur.	″	3,465	″	17,986	″	4,152
{ de laine.	Idem.	″	″	″	″	″	18,006
Cordages de chanvre.	Kilogr.	″	″	7,073	9,002	23,200	41,760
Mercerie.	Valeur.	″	4,694	″	19,801	″	″
Quincaillerie.	Idem.	″	7,035	″	35,700	″	″
Boucauts en boîtes.	Nombre.	346	1,500	39,691	108,455	″	″
Mâtures.	Valeur.	″	″	″	11,703	″	″
Avirons.	Mèt. cour.	″	″	6,708	6,708	3,700	4,350
Chaussures.	Valeur.	″	2,405	″	1,869	″	41,513
Denrées et marchandises non dé-nommées ci-dessus.	Idem.	″	31,257	″	236,161	″	78,386
Totaux.			394,567		1,751,888		1,188,643

2,146,455^f

N° 60. — (ÉTABLISSEMENTS FRANÇAIS DANS L'INDE.) — *Tableau général de la valeur des importations et des exportations de l'année 1862.*

(D'après les tableaux publiés annuellement par l'Administration des douanes de France et les états de la douane coloniale.)

1° COMMERCE ENTRE LA FRANCE ET SES ÉTABLISSEMENTS DANS L'INDE.

Exportations de France pour la colonie. (Commerce spécial.) (1) .... (2)   651,289ᶠ ⎫ (3)
                                                                                                       ⎬ 18,817,365ᶠ
Importations de la colonie en France. (Commerce général.) (1) .... (2)   18,166,076 ⎭

2° COMMERCE DES ÉTABLISSEMENTS ENTRE EUX ET AVEC LES AUTRES COLONIES ET PÊCHERIES FRANÇAISES.

Importations des colonies et pêcheries françaises ....   650,493ᶠ ⎫
                                                                                                ⎬ 2,798,161
Exportations pour les autres colonies et pêcheries françaises .... ⎧ Denrées et marchandises de la colonie .... 1,752,921ᶠ ⎫
                                                                          ⎨   ⎬ 2,147,668 ⎭
                                                                          ⎩ Denrées et marchandises provenant de l'importation ...... ⎧ Françaises. 54,354ᶠ ⎫ 394,747
                                                                                                                                      ⎩ Étrangères. 340,393 ⎭

3° COMMERCE DES ÉTABLISSEMENTS AVEC L'ÉTRANGER.

Importations en marchandises étrangères .... ⎧ Par navires français .... 580,591ᶠ ⎫ 6,391,186ᶠ ⎫
                                                 ⎩ Par navires étrangers .... 5,810,595 ⎭   ⎬ 15,458,042
Exportations pour l'étranger .... ⎧ Denrées et marchandises de la colonie .... 8,338,409 ⎫ 9,066,856 ⎭
                                             ⎨ Denrées et marchandises provenant de l'importation ...... ⎧ Françaises. 161,620ᶠ ⎫ 728,447
                                             ⎩   ⎩ Étrangères. 566,827 ⎭

TOTAL GÉNÉRAL 37,073,568

---

(1) On classe, en France, sous le titre de *commerce spécial* : 1° dans l'*exportation*, les marchandises *françaises* exportées ; 2° dans l'*importation*, tout ce qui a été importé définitivement, c'est-à-dire mis en consommation sous le payement des droits.

Sous le titre de *commerce général*, on comprend : 1° dans l'*importation*, tout ce qui est arrivé par navires français ou par navires étrangers, sans égard à la destination ultérieure des marchandises, soit pour la consommation, soit pour l'entrepôt, soit pour le transit ; 2° dans l'*exportation*, les marchandises *françaises et étrangères* exportées. (Voir d'ailleurs ci-dessus, page 49, la note 1 du tableau n° 19.)

(2) Ces chiffres représentent, en *valeurs actuelles* .... ⎧ Exportations .... 937,229ᶠ ⎫ 12,443,072ᶠ
                                                               ⎩ Importations .... 11,505,843 ⎭

(3) Il a été constaté en outre une exportation de 9,000 francs en numéraire pour 1862.

N° 61. — (ÉTABLISSEMENTS FRANÇAIS DANS L'INDE.) — *État détaillé, en quantités et valeurs, des denrées et marchandises exportées de France pour la colonie en 1862.*

(D'après le tableau de la douane de France. — Commerce spécial.) [1]

DÉSIGNATION des DENRÉES ET MARCHANDISES.	ESPÈCE des UNITÉS.	QUANTITÉS exportées de France pour les établissements français dans l'Inde.	VALEURS des EXPORTATIONS de France pour les établissements français dans l'Inde.
Fruits de table	Kilogr.	3,843	3,593
Sirops, confitures et bonbons	Idem.	2,347	4,225
Couleurs	Valeur.	»	17,402
Parfumerie	Kilogr.	2,206	15,442
Acide stéarique ouvré	Idem.	1,827	9,135
Sucre raffiné	Idem.	3,644	4,373
Chocolat et cacao simplement broyé	Idem.	1,090	7,030
Vins ... ordinaires de la Gironde	Litre.	201,139	111,038
Vins ... ordinaires d'ailleurs	Idem.	87,527	17,505
Vins ... de liqueur	Idem.	24,327	36,490
Eau-de-vie de vin (alcool)	Idem.	27,261	17,720
Liqueurs (alcool)	Idem.	3,546	10,038
Vitrifications	Valeur.	»	39,904
Tissus ... de soie	Idem.	»	14,640
Tissus ... de laine	Idem.	»	8,416
Tissus ... de coton	Idem.	»	7,030
Papier et ses applications	Idem.	»	60,564
Ouvrages en peau ou en cuir	Idem.	»	3,696
Orfèvrerie et bijouterie	Gramme.	14,769	21,273
Machines et mécaniques	Valeur.	»	11,318
Ouvrages en divers métaux	Idem.	»	15,488
Bimbeloterie	Idem.	»	11,940
Mercerie	Idem.	»	92,212
Modes (Ouvrages de)	Idem.	»	5,671
Pièces de lingerie cousues	Idem.	»	4,520
Habillements ... neufs	Idem.	»	18,820
Habillements ... vieux	Idem.	»	14,060
Denrées et marchandises non dénommées ci-dessus	Idem.	»	65,046
VALEUR TOTALE des exportations de France pour les établissements français dans l'Inde [2]	....	....	651,289 [3]

[1] Voir la note 1 du tableau précédent.

[2] Il a été constaté en outre une exportation en numéraire de 9,000 francs.

[3] Cette somme représente, en valeurs actuelles, celle de 937,229 francs.

N° 62. — (ÉTABLISSEMENTS FRANÇAIS DANS L'INDE.) — *État détaillé, en quantités et valeurs, des denrées et marchandises importées de la colonie en France en 1862.*

(D'après le tableau de la douane de France. — Commerce général.) [1]

DÉSIGNATION des DENRÉES ET MARCHANDISES.	ESPÈCE des UNITÉS.	QUANTITÉS importées des établissements français de l'Inde en France.	VALEURS des IMPORTATIONS des établissements français de l'Inde en France.
Peaux brutes, grandes................	Kilogr.	4,800	5,856
Cornes de bétail....................	Idem.	24,087	21,678
Sagou et salep.....................	Idem.	4,560	5,928
Arachides.........................	Idem.	281,748	211,311
Sésame (Graines de)...............	Idem.	1,662,657	1,246,993
Autres graines oléagineuses..........	Idem.	22,330	14,594
Café.............................	Idem.	78,905	126,248
Poivre...........................	Idem.	31,894	44,652
Tabac en feuilles ou en côtes........	Idem.	11,269	25,919
Huile de coco, etc..................	Idem.	126,254	63,127
Bois de teinture et d'ébénisterie.....	Valeur.	»	11,363
Coton en laine....................	Kilogr.	186,734	373,468
Indigo...........................	Idem.	108,148	2,162,960
Guinées des Indes.................	Pièce.	629,091	13,840,002
Vannerie coupée...................	Kilogr.	953	4,289
Denrées et marchandises non dénommées ci-dessus..............	Valeur.	»	7,688
VALEUR TOTALE des importations des établissements français de l'Inde en France [2].............................	....	....	[3] 18,166,076

[1] Voir la note 1 du tableau n° 60, page 123.

[2] Il n'a été constaté, pour 1862, aucune importation en numéraire des établissements de l'Inde en France.

[3] Cette somme représente, en *valeurs actuelles*, celle de 11,505,843 francs.

N° 63. — (Établissements français dans l'Inde.) — *État détaillé, en quantités et valeurs* (¹), *des denrées et marchandises qui ont été l'objet du commerce de la colonie avec les autres colonies et pêcheries françaises en 1862.*

(D'après l'état de la douane coloniale.)

DÉSIGNATION des DENRÉES ET MARCHANDISES.	ESPÈCE des unités. (²)	IMPORTATIONS des AUTRES COLONIES et comptoirs français.		EXPORTATIONS POUR LES AUTRES COLONIES ET COMPTOIRS FRANÇAIS en denrées et marchandises du cru de la colonie.		en denrées et marchandises provenant de l'importation. Françaises.		Étrangères.	
		Quantités.	Valeurs.	Quantités.	Valeurs.	Quantités.	Valeurs.	Quantités.	Valeurs.
1° PONDICHÉRY.			fr.		fr.		fr.		fr.
Riz......................	Sac.	"	"	"	"	"	"	9,056	108,672
Gram....................	Idem.	"	"	"	"	"	"	676	11,357
Grains..................	Idem.	"	"	"	"	"	"	1,709	20,508
Sésame (Graines de)...	Idem.	"	"	736	15,898	"	"	"	"
Arachides	Valeur.	"	"	"	24,908	"	"	"	"
Poivre..................	Bahare.	174	35,496	"	"	"	"	99 1/2	20,298
Piment..................	Idem.	"	"	126 1/2	10,019	"	"	"	"
Arec....................	Idem.	125 1/2	37,650	30	9,000	"	"	37	11,100
Huile.. { de coco......	Velte.	11,360	68,160	12,330	73,980	"	"	"	"
Huile.. { d'arachide	Idem.	"	"	21,130	101,424	"	"	"	"
Étain...................	Bahare.	14	10,080	"	"	"	"	"	"
Indigo..................	Idem.	5	7,800	"	"	"	"	"	"
Savons..................	Idem.	49	8,820	"	"	"	"	"	"
Vin rouge...............	Barriq.	"	"	"	"	81	13,608	"	"
Tissus de coton........	Valeur.	"	79,830	"	548,873	"	"	"	5,412
Barriques vides........	Pièce.	698	10,051	958	13,795	"	"	"	"
Pièces de lingerie cousue.	Valeur.	"	"	"	18,362	"	"	"	"
Denrées et marchandises non dénommées ci-dessus	Idem.	"	97,964	"	67,162	"	34,009	"	25,471
Totaux.......	....	....	355,851	....	883,421	....	47,617	....	215,130

1,146,168ᶠ

(¹) La répartition de ces valeurs par colonie et comptoir se trouve indiquée ci-après, page 177, dans le tableau n° 93 de la navigation commerciale.

(²) La *garce* = 600 marcals; le *marcal* = 10 mesures ou 15 livres; la mesure = 1 livre 1/2.

Le *bahare* = 480 livres, poids de marc, ou 234ᵏ,963.

Le *mand* est le 1/20 du bahare et = 11ᵏ,748.

La *lègre* est de 70 à 75 veltes.

Le *ballot* de sacs de gonys contient 250 sacs.

La *caisse* de pétards contient 800 paquets, chacun de 62 à 64 pétards.

DÉSIGNATION des DENRÉES ET MARCHANDISES.	ESPÈCE des unités.	IMPORTATIONS des AUTRES COLONIES et comptoirs français.		EXPORTATIONS POUR LES AUTRES COLONIES ET COMPTOIRS FRANÇAIS					
				en denrées et marchandises du cru de la colonie.		en denrées et marchandises provenant de l'importation.			
						Françaises.		Étrangères.	
		Quantités.	Valeurs.	Quantités.	Valeurs.	Quantités.	Valeurs.	Quantités.	Valeurs.
2° KARIKAL.									
			fr.		fr.		fr.		fr.
Chevaux..............	Tête.	″	″	″	″	″	″	26	12,480
Sésame (Graines de) ...	Garce.	75	92,256	″	″	″	″	1/64	19
Poivre...............	Bahare.	″	″	″	″	″	″	218 1/2	36,708
Encens...............	Idem.	2	692	″	″	″	″	31 1/2	10,899
Huile de coco.........	Barriq.	″	″	2,420 1/2	404,736	″	″	″	″
Plomb...............	Bahare.	16	10,592	″	″	″	″	8	5,296
Savons...............	Idem.	″	″	98 1/4	12,733	″	″	″	″
Tissus de coton........	Valeur.	″	56,944	″	134,640	″	″	″	″
Vin rouge..	Barriq.	51	9,180	″	″	″	″	″	″
Eaux-de-vie..........	Caisse.	259	7,459	″	″	30	864	″	″
Denrées et marchandises non dénommées ci-dessus	Valeur.	″	92,928	″	13,923	″	5,873	″	59,861
Totaux	....	....	270,051	....	626,032	....	6,737	....	125,263

758,032ᶠ

3° YANAON.									
Menus grains	Balles.	″	″	483	6,404	″	″	″	″
Vin rouge	Barriq.	22	3,960	9	1,620	″	″	″	″
Eaux-de-vie	Caisse.	371	10,684	″	″	″	″	″	″
Tissus de coton........	Valeur.	″	″	″	229,880	″	″	″	″
Denrées et marchandises non dénommées ci-dessus	Idem.	″	9,947	″	5,564	″	″	″	″
Totaux	....	....	24,591	....	243,468	....	″	....	″

243,468ᶠ

4° MAHÉ.

Il n'y a eu aucun mouvement commercial entre ce comptoir et les autres colonies françaises, pendant l'année 1862.

N° 64. — (ÉTABLISSEMENTS FRANÇAIS DANS L'INDE.) — *État détaillé, en quantités et valeurs* (¹), *des denrées et marchandises qui ont été l'objet du commerce de ces comptoirs avec l'étranger en 1862.*

(D'après l'état de la douane coloniale.)

IMPORTATIONS

DÉSIGNATION des DENRÉES ET MARCHANDISES.	ESPÈCE des UNITÉS (²).	par NAVIRES FRANÇAIS. Quantités.	Valeurs.	par NAVIRES ÉTRANGERS. Quantités.	Valeurs.
				1° Pondichéry.	
Blé en grains	Sac.	"	"	2,273	28,186
Riz	Idem.	5,197	62,364	11,117	133,404
Grains	Idem.	2,456	32,232	5,842	73,704
Copra (pulpe de coco)	Bahare.	"	"	1,486	160,488
Palma christi (Graines de)	Sac.	133	1,596	6,416	76,992
Café	Bahare.	"	"	28	10,080
Poivre	Idem.	"	"	231	47,124
Coriandre	Idem.	25	1,200	809 1/2	38,856
Arec	Idem.	37	11,100	438	131,400
Jagre	Idem.	"	"	2,470	148,230
Huile { de coco	Velte.	"	"	2,790	16,740
Huile { de palma-christi	Idem.	2,100	11,340	4,890	26,406
Bois { communs	Valeur.	"	"	"	381,592
Bois { de teinture et d'ébénisterie	Idem.	"	"	"	12,017
Coton en laine	Bahare.	130 1/2	62,640	450	216,000
Safran	Idem.	22	4,224	122	23,424
Ferraille	Idem.	217	7,812	775	27,900
Vieux cuivre	Idem.	110 1/2	66,300	359	215,400
Savon	Idem.	"	"	100 1/2	18,270
Arack	Légre.	"	"	129	46,440
Fils de toute sorte	Paquet.	"	"	4,020	24,120
Tissus { de lin et de chauvre	Valeur.	"	"	"	18,480
Tissus { de coton	Idem.	"	270,120	"	698,100
Peaux tannées de vachette	Cent.	32	13,440	"	"
Barriques vides	Nombre.	164	2,362	2,747	39,557
Denrées et marchandises non dénommées ci-dessus	Valeur.	"	33,861	"	123,234
Totaux			580,591		2,736,194
Valeur totale des marchandises étrangères importées à Pondichéry					3,316,785

EXPORTATIONS

DÉSIGNATION des DENRÉES ET MARCHANDISES.	ESPÈCE des UNITÉS.	EN DENRÉES et marchandises de la colonie. Quantités.	Valeurs.	EN DENRÉES ET MARCHANDISES provenant de l'importation. Françaises. Quantités.	Valeurs.	Étrangères. Quantités.	Valeurs.
Peaux de vachette	Cent.	132	15,840	"	"	27	3,240
Blé en grains	Sac.	"	"	"	"	596	10,013
Riz	Idem.	57	684	"	"	2,014	24,168
Sésame (Graines de)	Idem.	209	4,514	"	"	"	"
Sucre	Bahare.	210 1/2	35,364	"	"	"	"
Café	Idem.	"	"	"	"	31	11,160
Piment	Idem.	137	10,850	9	713	21	1,663
Arec	Idem.	32	9,600	"	"	80	24,000
Huile { de coco	Velte.	16,490	98,940	11,360	68,160	2,790	16,740
Huile { d'arachide	Idem.	129,858	623,318	"	"	"	"
Huile { de ricin	Idem.	5,000	27,000	739	3,991	2,000	10,800
Safran	Bahare.	88	16,896	"	"	"	"
Vieux cuivre	Idem.	"	"	"	"	27	16,200
Vases en cuivre	Idem.	"	"	"	"	20	14,400
Indigo	Idem.	1,262	1,969,500	"	"	"	"
Savon	Idem.	260	46,800	45	8,100	100	18,000
Eau-de-vie en bouteilles	Douzaine.	"	"	525	11,340	"	"
Vermouth	Idem.	"	"	494	10,670	"	"
Arack	Légre.	"	"	"	"	40	14,400
Poterie de terre	Cent.	559	26,832	"	"	"	"
Fils	Paquet.	"	"	"	"	2,600	15,600
Tissus de coton	Valeur.	"	2,114,420	"	"	"	13,244
Peaux tannées { de vachette	Cent.	67 1/2	28,350	"	"	32	13,440
Peaux tannées { de cabri	Idem.	1,703 1/2	204,420	"	"	"	"
Peaux tannées { de mouton	Idem.	1,254	105,336	"	"	"	"
Pantoufles	Paire.	25,354	15,212	"	"	"	"
Denrées et marchandises non dénommées ci-dessus	Valeur.	"	196,346	"	31,868	"	53,998
Totaux			5,550,222		134,842		261,066
Valeur totale des exportations de Pondichéry pour l'étranger							5,946,130

(¹) La répartition de ces valeurs par pays de provenance et de destination se trouve indiquée ci-après, pages 17? suivantes, dans le tableau n° 93 de la navigation commerciale.

(²) Voir la note 1 du tableau n° 63.

2ᵉ KARIKAL.

IMPORTATIONS

DÉSIGNATION des DENRÉES ET MARCHANDISES.	ESPÈCE des UNITÉS (¹)	par NAVIRES FRANÇAIS. Quantités.	Valeurs.	par NAVIRES ÉTRANGERS. Quantités.	Valeurs.
Arec de toute sorte	Bahare.	»	»	2,237 1/2	236,922
Sucre candi	Idem.	»	»	319 1/2	161,028
Poivre	Idem.	»	»	457 1/4	76,818
Jagre	Idem.	»	»	571	27,408
Copras	Idem.	»	»	1,955 3/4	201,833
Camphre	Idem.	»	»	40	42,240
Encens	Idem.	»	»	97 1/2	33,735
Plomb	Idem.	»	»	47	31,114
Pétards	Caisse.	»	»	408	31,334
Bois commun	Valeur.	»	»	»	190,325
Tissus de coton	Idem.	»	»	»	691,200
Fils de toute sorte	Bahare.	»	»	63 1/2	82,524
Sacs de gony	Idem.	»	»	3,051	152,550
Clous	Idem.	»	»	186 1/2	30,950
Vitrifications	Valeur.	»	»	»	17,028
Roupies (numéraire)	Pièce.	»	»	222,201	533,282
Denrées et marchandises non dénommées ci-dessus	Valeur.	»	»	»	465,205
Valeur totale des marchandises étrangères importées à Karikal		»	...	...	3,005,505

EXPORTATIONS

DÉSIGNATION des DENRÉES ET MARCHANDISES.	ESPÈCE des UNITÉS.	EN DENRÉES et marchandises de la colonie. Quantités.	Valeurs.	EN DENRÉES ET MARCHANDISES provenant de l'importation. Françaises. Quantités.	Valeurs.	Étrangères. Quantités.	Valeurs.
Bœufs	Tête.	70	12,000f	»	»	»	»
Sangsues salées	Bahare.	»	»	»	»	190	15,960f
Riz	Garce.	1,766	1,364,632	»	»	»	»
Nély	Idem.	813	286,733	»	»	»	»
Menus grains	Idem.	36	25,002	»	»	»	»
Sagou	Bahare.	»	»	»	»	84 3/4	7,729
Arec	Idem.	»	»	»	»	218 3/4	23,100
Sucre candi	Idem.	»	»	»	»	24 1/4	12,222
Tabac	Idem.	63	21,735	»	»	»	»
Encens	Idem.	»	»	»	»	95	32,870
Cuivre en feuilles	Idem.	»	»	»	»	9 3/4	6,552
Savon	Idem.	560	72,608	»	»	»	»
Tissus de coton	Valeur.	»	950,377	»	»	»	»
Bois d'ébène	Bahare.	»	»	»	»	896	12,902
Roupies (numéraire)	Pièce.	»	»	»	»	15,418	37,003
Parasols de Chine	Caisse.	»	»	»	»	61	8,784
Denrées et marchandises non dénommées ci-dessus	Valeur.	»	34,169	»	4,704f	»	71,874
Totaux		...	2,707,356	...	4,704	...	228,096
Valeur totale des exportations de Karikal pour l'étranger		...	...		3,001,556f		

3° MAHÉ.

IMPORTATIONS

DÉSIGNATION des DENRÉES ET MARCHANDISES.	ESPÈCE des UNITÉS.	par NAVIRES FRANÇAIS. Quantités.	Valeurs.	par NAVIRES ÉTRANGERS. Quantités.	Valeurs.
Nély	Kilogr.	»	»	33,950	4,753
Riz en grains	Idem.	»	»	43,900	7,902
Tabac	Idem.	»	»	69,100	51,825
Denrées et marchandises non dénommées ci-dessus	Valeur.	»	»	»	4,416
Totaux		...	...	»	68,896
Valeur totale des marchandises étrangères importées à Mahé		...	...		68,896f

EXPORTATIONS

DÉSIGNATION des DENRÉES ET MARCHANDISES.	ESPÈCE des UNITÉS.	EN DENRÉES et marchandises de la colonie. Quantités.	Valeurs.	Françaises. Quantités.	Valeurs.	Étrangères. Quantités.	Valeurs.
Poissons secs	Millier.	2,302	16,574f	»	»	»	»
Tabac en feuilles	Kilog.	»	»	»	»	60,000	60,000f
Bois communs	Valeur.	»	»	»	»	»	15,082
Eaux-de-vie	Idem.	»	»	»	11,309f	»	»
Denrées et marchandises non dénommées ci-dessus	Idem.	»	3,757	»	10,765	»	1,683
Totaux		...	20,331	...	22,074	...	76,765
Valeur totale des exportations de Mahé pour l'étranger		...	...		119,170f		

4° YANAON.

Il n'y a eu aucun mouvement commercial entre ce comptoir et les pays étrangers pendant l'année 1862.

(¹) Voir la note 1 du tableau n° 63, page 124.

N° 65. — *Tableau présentant, pour la période quinquennale de 1858 à 1862, les résultats de la pêche de la morue aux îles Saint-Pierre et Miquelon, en ce qui concerne les produits séchés et préparés sur les grèves des deux îles et des îlots qui en dépendent* (¹).

	ANNÉES.	NOMBRE DE NAVIRES.	NOMBRE D'EMBARCATIONS.	TONNAGE des NAVIRES.	NOMBRE de PÊCHEURS (²)	PRODUITS DE LA PÊCHE — MORUE SÈCHE. (Kilogrammes.)	MORUE VERTE. (Nombre.)	HUILE DE MORUE. (Kilogrammes.)
1° Pêche faite par les habitants sédentaires.	1858	"	"	"	309	719,574	8,038	25,445
	1859	"	"	"	358	788,934	42,668	32,052
	1860	"	"	"	444	1,031,100	75,594	48,208
	1861	"	"	"	420	787,328	79,050	41,548
	1862	"	"	"	531	1,308,264	90,588	73,630
	Moyenne des cinq années	"	"	"	412	927,040	59,188	44,177
2° Pêche faite par les pêcheurs hivernants.	1858	"	"	"	433	1,008,334	11,263	35,055
	1859	"	"	"	456	1,004,899	54,348	40,827
	1860	"	"	"	434	1,007,877	73,892	47,122
	1861	"	"	"	487	912,925	91,660	48,175
	1862	"	"	"	501	1,234,351	85,470	69,470
	Moyenne des cinq années	"	"	"	462	1,033,677	63,327	241,249
3° Pêche faite par les équipages des navires armés, *avec sécherie à Saint-Pierre, et passagers venus de France.*	1858	78	"	14,061	4,267	9,936,737	110,994	351,368
	1859	85	"	12,047	4,276	9,423,132	500,632	382,836
	1860	70	"	9,855	3,559	8,265,055	605,946	386,421
	1861	63	"	9,178	3,519	6,596,682	662,328	348,111
	1862	50	"	7,304	3,083	7,595,816	525,958	427,496
	Moyenne des cinq années	69	"	10,489	3,741	8,363,484	482,972	379,246
4° Produits déposés à Saint-Pierre et provenant de la pêche des bâtiments armés, *avec salaison à bord.*	1858	61	"	11,011	1,060	"	365,446	"
	1859	27	"	5,035	538	"	602,422	6,250
	1860	22	"	4,933	428	"	525,440	2,400
	1861	28	"	4,361	549	"	781,166	7,900
	1862	11	"	1,660	213	"	302,364	"
	Moyenne des cinq années	30	"	5,400	558	"	515,368	3,310
Réunion des quatre espèces de pêche.	1858	139	721	25,072	6,069	11,664,545	495,741	412,468
	1859	112	680	17,082	5,628	11,216,965	1,209,070	461,965
	1860	92	629	14,788	4,865	10,304,032	1,280,872	484,151
	1861	91	628	13,539	4,975	8,296,935	1,614,205	445,734
	1862	(³) 61	641	8,964	4,328	10,138,431	1,004,380	570,596
	Moyenne des cinq années	99	660	15,899	5,173	10,324,182	1,120,854	474,983

OBSERVATIONS.

(¹) Voir ci-après, page 142, le tableau n° 69.

(²) Dans le nombre des pêcheurs sont compris, en ce qui concerne la troisième espèce de pêche, les marins et les passagers venus de France.

(³) A ces 61 navires il y a lieu d'en ajouter d'abord 42, jaugeant 7,130 tonneaux et montés par 413 hommes, qui ont été employés à transporter la morue, et 43, jaugeant 8,741 tonneaux et montés par 1,209 hommes, qui ne sont venus dans la colonie que pour y prendre de la boîtte ou simplement en relâche : ce qui fait en tout 146 bâtiments, 14,835 tonneaux et 3,514 hommes.

Il est d'usage que les pêcheurs emportent, à leur retour en France, un petit ballot contenant de la morue verte et sèche et des débris de morue. L'impossibilité de décomposer ces ballots pour déterminer la quantité de morue verte ou sèche entrant dans chacun d'eux a empêché de porter ces produits de pêche dans ce résumé.

Il a été, en outre, importé et réexporté :

316,590k d'issues de morue et capelans;
25,502 rogues.

N° 66. — *Tableau présentant la valeur officielle annuelle du commerce de la France avec ses colonies pendant la période quinquennale de 1858 à 1862.*

(D'après les tableaux annuels du commerce publiés par l'Administration des douanes métropolitaines.)

ANNÉES.	COLONIES À SUCRE.					SÉNÉGAL.	ÉTABLISSEMENTS français dans l'Inde.	SAINT-PIERRE ET MIQUELON et grande pêche. (?)	TOTAL GÉNÉRAL.
	MARTINIQUE.	GUADELOUPE.	GUYANE FRANÇAISE.	RÉUNION.	TOTAL.				

1° Importations des colonies en France.

COMMERCE GÉNÉRAL. — Marchandises arrivées.

ANNÉES.	MARTINIQUE.	GUADELOUPE.	GUYANE FRANÇAISE.	RÉUNION.	TOTAL.	SÉNÉGAL.	ÉTABL. français dans l'Inde.	SAINT-PIERRE ET MIQUELON et grande pêche.	TOTAL GÉNÉRAL.
1858	18,793,294	18,477,490	890,979	37,717,805	75,879,568	13,634,117	23,187,588	9,317,530	124,018,803
1859	19,127,457	17,516,192	1,001,335	42,274,111	79,919,095	15,015,649	9,246,965	7,749,033	111,930,742
1800	21,322,225	19,019,670	1,471,408	42,356,997	84,170,300	9,858,137	13,591,244	7,706,822	115,326,503
1861	19,460,937	16,848,607	1,133,690	53,012,890	90,456,124	11,053,075	20,761,661	7,929,268	130,200,128
1862	19,983,953	20,661,968	1,081,515	46,782,015	88,509,451	12,186,493	18,166,076	7,776,138	126,628,158
Totaux	98,687,866	92,523,927	5,578,927	222,143,818	418,934,538	63,747,471	84,953,534	40,469,091	608,104,634
Moyenne des cinq années	19,737,573	18,504,785	1,115,785	44,428,764	83,786,908	12,749,494	16,990,707	8,093,818	121,620,927

COMMERCE SPÉCIAL. — Marchandises mises en consommation.

ANNÉES.	MARTINIQUE.	GUADELOUPE.	GUYANE FRANÇAISE.	RÉUNION.	TOTAL.	SÉNÉGAL.	ÉTABL. français dans l'Inde.	SAINT-PIERRE ET MIQUELON et grande pêche.	TOTAL GÉNÉRAL.
1858	20,994,030	18,893,329	479,798	39,936,834	80,303,997	12,092,281	16,174,831	9,247,455	117,818,564
1859	15,188,649	12,905,084	490,299	38,200,994	66,794,026	11,810,192	11,417,445	7,560,494	97,582,157
1860	20,275,724	18,692,874	1,364,409	42,116,075	82,449,082	14,266,866	10,148,247	7,602,100	114,466,295
1861	18,957,137	14,063,677	1,135,285	50,642,583	84,708,682	10,640,187	11,576,123	7,813,675	114,828,667
1862	18,707,932	18,951,882	978,374	44,712,696	83,350,884	11,871,024	4,474,895	7,613,578	107,310,379
Totaux	94,123,478	83,506,846	4,457,165	215,609,182	397,606,071	60,680,550	53,791,539	39,837,302	552,006,062
Moyenne des cinq années	18,824,696	16,701,369	891,433	43,121,836	79,539,334	12,136,110	10,758,308	7,967,460	110,401,212

2° Exportations de France pour les colonies.

COMMERCE GÉNÉRAL. — Marchandises françaises et étrangères.

ANNÉES.	MARTINIQUE.	GUADELOUPE.	GUYANE FRANÇAISE.	RÉUNION.	TOTAL.	SÉNÉGAL.	ÉTABL. français dans l'Inde.	SAINT-PIERRE ET MIQUELON et grande pêche.	TOTAL GÉNÉRAL.
1858	24,262,444	23,429,438	4,246,968	33,551,686	85,490,536	20,598,357	549,876	6,799,821	113,438,590
1859	21,988,688	18,851,596	4,535,442	25,618,818	70,994,544	18,253,156	741,530	7,130,947	97,120,177
1860	22,121,814	20,891,766	4,842,158	29,872,126	77,727,864	13,991,669	451,953	8,035,340	100,206,819
1861	23,387,192	20,420,405	4,840,741	34,879,437	83,527,775	17,999,734	550,031	5,890,510	107,898,875
1862	22,077,827	19,374,799	6,014,051	29,037,749	76,504,426	14,993,281	919,862	6,922,574	99,340,143
Totaux	113,837,965	102,968,002	24,479,360	152,959,818	394,245,143	85,836,190	3,213,252	34,709,222	518,003,907
Moyenne des cinq années	22,767,593	20,593,600	4,895,872	30,591,964	78,849,090	17,167,238	642,650	6,941,844	103,600,781

OBSERVATIONS.

Nota. Pour l'intelligence des chiffres du présent tableau, il convient de rapprocher ici les observations dont ils sont accompagnés dans les tableaux de commerce publiés annuellement par l'Administration des douanes, tableaux auxquels ils sont empruntés : «La valeur (est-il dit dans ces observations) est le seul dénominateur commun qu'on «puisse donner aux marchandises pour les réunir «et comparer les masses. On a donc admis, fort «arbitrairement sans doute, mais par nécessité, «une valeur moyenne pour chacune des unités du «tarif des douanes. Afin d'établir cette valeur, il a «été fait une enquête minutieuse, à laquelle les «premiers négociants et manufacturiers de la capi-«tale ont été appelés et dont les résultats ont été «confirmés par une ordonnance royale du 29 mai «1826.

«Le tarif des valeurs que l'on suit depuis lors «est permanent, et il doit l'être, comme l'est, en «Angleterre, celui de 1696 : car, si l'on voulait «chaque année constater les prix courants, sur les-«quels tant de circonstances influent, on ne pourrait «plus rien induire de la relation des valeurs entre «elles, ni comparer les faits d'une année à l'autre.

«Mais il est toujours possible de faire, dans un «cas donné, le rapprochement des valeurs officielles «avec les valeurs effectives. L'Administration des «douanes offre tous les moyens de contrôle, en don-«nant, dans les tableaux annuels qu'elle publie, les «quantités et le taux d'évaluation. Libre à chacun «de changer ces taux d'après ses connaissances cer-«taines.» (Voir, d'ailleurs, la note 1 du tableau n° 19, page 19.)

(¹) Pour la part spéciale du commerce des îles Saint-Pierre et Miquelon dans les valeurs portées ci-contre, voir les tableaux insérés dans le chapitre XII de la *Notice statistique* consacrée à cet établissement et publiée en 1810.

ANNÉES.	COLONIES A SUCRE.					SÉNÉGAL.	ÉTABLISSEMENTS français dans l'Inde.	SAINT-PIERRE ET MIQUELON et grande pêche. (1)	TOTAL GÉNÉRAL.	OBSERVATIONS.
	MARTINIQUE.	GUADELOUPE.	GUYANE FRANÇAISE.	RÉUNION.	TOTAL.					

Exportations de France pour les colonies. (Suite.)

COMMERCE SPÉCIAL. — Marchandises françaises.

ANNÉES.	MARTINIQUE.	GUADELOUPE.	GUYANE FRANÇAISE.	RÉUNION.	TOTAL.	SÉNÉGAL.	ÉTABLISSEMENTS français dans l'Inde.	SAINT-PIERRE ET MIQUELON et grande pêche.	TOTAL GÉNÉRAL.	OBSERVATIONS.
1858	23,493,556f	20,146,247f	4,137,362f	32,557,046f	80,334,211f	13,191,530f	503,574f	6,478,704f	100,508,019f	(1) Voir la note 1 de la page 135.
1859	21,309,545	17,820,967	4,428,515	24,758,932	68,317,959	13,681,636	692,134	6,505,096	89,196,825	
1860	21,108,444	19,648,060	4,725,750	28,603,992	74,086,246	9,117,941	444,510	.7,236,377	90,885,074	
1861	22,243,861	18,858,268	4,571,240	32,682,796	78,356,165	11,477,916	546,950	5,037,316	95,418,347	
1862	20,074,822	16,842,920	5,494,515	25,602,358	68,014,616	8,431,552	651,289	6,385,197	83,482,654	
Totaux	108,230,228	93,316,462	23,357,383	144,205,124	369,109,197	55,900,575	2,838,457	31,642,690	459,490,919	
Moyenne des cinq années	21,646,046	18,663,292	4,671,477	28,841,025	73,821,839	11,180,115	567,691	6,328,538	91,898,183	

3° Importations et exportations réunies.

COMMERCE GÉNÉRAL.

ANNÉES.	MARTINIQUE.	GUADELOUPE.	GUYANE FRANÇAISE.	RÉUNION.	TOTAL.	SÉNÉGAL.	ÉTABLISSEMENTS français dans l'Inde.	SAINT-PIERRE ET MIQUELON et grande pêche.	TOTAL GÉNÉRAL.
1858	43,035,738f	41,906,928f	5,137,947f	71,269,491f	161,370,104f	36,232,474f	23,737,464f	16,117,351f	237,457,393f
1859	41,116,145	36,367,788	5,536,777	67,892,929	150,913,639	33,268,805	9,988,495	14,879,980	209,050,919
1860	43,444,039	39,911,436	6,313,566	72,229,123	161,898,164	23,849,799	14,043,197	15,742,162	215,533,322
1861	42,843,129	37,269,010	5,974,431	87,892,327	173,983,897	29,052,809	21,311,692	13,749,808	238,098,206
1862	42,061,780	40,036,767	7,095,566	75,319,764	165,013,877	27,179,774	19,085,938	14,689,012	225,968,601
Totaux	212,525,831	195,491,929	30,058,287	375,103,634	813,179,681	149,583,661	88,166,786	75,178,313	1,126,108,441
Moyenne des cinq années	42,505,166	39,098,386	6,011,057	75,020,727	162,635,936	29,916,732	17,633,357	15,035,663	225,221,688

COMMERCE SPÉCIAL.

ANNÉES.	MARTINIQUE.	GUADELOUPE.	GUYANE FRANÇAISE.	RÉUNION.	TOTAL.	SÉNÉGAL.	ÉTABLISSEMENTS français dans l'Inde.	SAINT-PIERRE ET MIQUELON et grande pêche.	TOTAL GÉNÉRAL.
1858	44,487,592f	39,039,570f	4,617,160f	72,493,880f	160,638,208f	25,283,811f	16,678,405f	15,726,159f	218,326,583f
1859	36,408,194	30,726,051	4,927,814	62,059,926	135,111,985	25,491,828	12,109,579	14,065,590	186,778,982
1860	41,384,168	38,340,934	6,090,159	70,720,067	156,535,328	23,384,807	10,592,757	14,838,477	205,351,369
1861	41,200,998	32,921,945	5,706,525	83,325,379	163,154,847	22,118,103	12,123,073	12,850,991	210,247,014
1862	38,782,754	35,794,802	6,472,890	70,315,054	151,365,500	20,302,576	5,126,182	13,998,775	190,793,033
Totaux	202,353,706	176,823,308	27,814,548	359,814,306	766,805,868	116,581,125	56,629,906	71,479,992	1,011,496,981
Moyenne des cinq années	40,470,741	35,364,662	5,562,910	71,962,861	153,361,174	23,316,225	11,325,999	14,295,998	202,299,395

N° 67. — *Tableau comparatif présentant, pour la période quinquennale de 1858 à 1862, les quantités annuelles de sucre, 1° importées des colonies françaises et de l'étranger en France; 2° mises en consommation; 3° réexportées des entrepôts et de l'intérieur de la France, après raffinage.*

ANNÉES.	QUANTITÉS DE SUCRE ARRIVÉES DANS LES PORTS DE FRANCE. (D'après les tableaux de la douane de France.)			QUANTITÉS DE SUCRE MISES EN CONSOMMATION EN FRANCE. (D'après les tableaux de la douane de France.)								QUANTITÉS DE SUCRE RÉEXPORTÉES		
				SUCRE PROVENANT DES COLONIES FRANÇAISES.										
	Colonies françaises.	Étranger.	TOTAL des quantités arrivées.	Martinique.	Guadeloupe.	Guyane française.	Réunion.	Sainte-Marie de Madagascar.	TOTAL.	Sucres provenant de l'étranger.	TOTAL des quantités mises en consommation.	des entrepôts de France. (D'après les tableaux publiés par la douane de France.) [1]	de l'intérieur de la France après raffinage. [2]	TOTAL des quantités réexportées.
	Kilogr.	Kilogr.	Kilogr.	Kilogr.	Kilogr.	Kilogr.	Kilogr.	Kilogr.	Kilogr.	Kilogr.	Kilogr.	Kilogr.	Kilogr.	Kilogr.
1858	109,137,438	46,810,413	155,947,851	31,330,910	29,821,454	179,575	54,600,412	312,531	116,245,177	39,526,111	155,771,288	14,986,653	74,626,625	89,613,278
1859	112,701,138	75,468,793	188,169,931	21,693,416	19,142,878	33,347	51,928,701	491,356	93,289,671	59,648,994	152,938,665	6,259,802	70,071,495	76,361,297
1860	118,602,715	60,496,812	179,099,527	29,535,365	28,543,600	100,183	56,244,170	762,926	115,186,242	46,679,500	161,865,742	15,443,117	66,905,917	82,349,034
1861	123,414,804	95,802,687	219,217,491	26,756,945	20,771,331	248,164	63,911,263	1,515,346	113,205,994	85,152,347	198,358,341	6,031,638	68,243,588	74,275,226
1862	112,030,197	129,154,900	241,185,097	26,558,130	28,046,822	184,296	47,857,480	1,828,749	104,475,381	108,684,511	213,159,892	16,058,941	103,867,660	119,926,601
Totaux	575,886,292	407,733,605	983,619,897	135,874,766	126,329,085	745,464	274,542,026	4,911,188	542,402,465	339,691,463	882,093,928	58,810,151	383,715,285	442,525,436
Moyenne des cinq années	115,177,258	81,546,721	176,723,079	27,174,953	25,265,817	149,092	54,908,405	982,238	108,480,493	67,938,293	176,418,786	11,762,030	76,743,057	88,505,087

[1] Les chiffres de cette colonne s'obtiennent en retranchant les exportations du commerce spécial de celles du commerce général.

[2] Les chiffres portés dans cette colonne indiquent les quantités de sucre brut représentées par les sucres raffinés qui sont sortis de France. On a établi ces quantités en les calculant sur les rendements fixés par la loi du 28 juin 1856.

Le sucre raffiné représente, en moyenne, 75 p. 0/0 du poids du sucre brut. Pour obtenir les chiffres de cette colonne, il faut multiplier par 100 et diviser par 75 les exportations en sucre raffiné que donne au *commerce spécial* le tableau général du commerce.

N° 68. — *Tableau récapitulatif et comparatif des droits perçus en France pendant [la pé]riode quinquennale de 1857 à 1861, et pendant l'année 1862, sur les denrées coloniales provenant de[s co]lonies françaises.*

(D'après les tableaux du commerce annuel[lement pub]liée par l'Administration métropolitaine.)

ANNÉES.	MONTANT DES DROITS PERÇUS EN FRANCE								TOTAL GÉNÉRAL des droits perçus. (²)
	sur LE SUCRE (¹).	sur LE CAFÉ.	sur LE COTON.	sur LE CACAO.	sur LE ROCOU.	sur LE POIVRE.	sur LA GOMME.	sur divers AUTRES PRODUITS coloniaux non dénommés ci-contre.	
1857	36,885,877f	777,052f	"	127,032	10,918f	68,459f	191,453f	569,629f	38,631,460f
1858	51,988,842	455,038	26,066f	94,831	12,318	3,377	295,143	406,206	53,228,600
1859	43,567,853	382,599	656	139,212	11,397	3,866	360,674	360,246	44,766,503
1860	33,146,667	373,741	64	87,975	1,787	41,890	40,335	219,974	33,912,423
1861	33,025,397	357,224	"	79,645	"	4,849	"	138,782	33,605,905
Moyenne des cinq années	39,722,927	469,131	5,357	105,919	7,284	24,488	170,521	338,967	40,828,978
1862 — Martinique	8,509,876	5,651	"	79,456	"	"	"	36,877	8,631,862
Guadeloupe	9,204,023	77,984	"	43,491	"	"	"	147,377	9,472,875
Guyane française	52,220	541	"	3,134	"	2	"	3,383	59,280
Réunion	12,776,229	26,819	"	188	"	"	"	19,159	12,822,395
Total pour les quatre colonies à sucre	30,542,348	110,995	"	126,271	"	2	"	206,796	30,986,412
Sénégal — Saint-Louis	"	181	"	"	"	"	"	741	922
Sénégal — Gorée	"	280	"	"	"	"	"	389	669
Établissements français dans l'Inde	2,046	80,955	"	"	"	4,528	"	2,109	89,638
Saint-Pierre et Miquelon	46	37	"	"	"	"	"	,	20,969
Mayotte et dépendances	571,124	275	"	"	"	"	"	521	571,920
Total général	31,115,564	192,723	"	126,271	"	4,530	,	210,556	31,670,530

OBSERVATIONS.

(¹) C'est le produit *brut* des droits perçus en France sur les sucres provenant des colonies françaises qui figure dans cette colonne. Pour avoir le produit *net*, il faudrait en défalquer les sommes payées pour restitutions ou primes à la réexportation. Dans le relevé suivant, qui présente le montant des droits perçus pendant la même période sur les sucres provenant tant des colonies françaises que de l'étranger, on trouvera l'indication détaillée des sommes dont la défalcation devra être faite.

(²) Voir l'observation ci-dessus.

ANNÉES.	NOMS DES COLONIES.	PRODUIT NET DES DROITS PERÇUS EN FRANCE sur les sucres			SOMMES A DÉFALQUER POUR RESTITUTION OU PRIMES PAYÉES à la réexportation				RESTANT NET pour le Trésor.
		importés des colonies françaises.	importés de l'étranger.	TOTAL.	des sucres français.	des sucres étrangers.	de la mélasse.	TOTAL.	
1857		36,753,413f	29,885,362	66,638,775	297,230f	25,989,771f	"	26,287,001f	40,351,774f
1858	Martinique, Guadeloupe,	51,846,276	22,871,364	74,717,640	12,916,470	27,367,725	"	40,284,195	34,433,445
1859	Guyane française et Réunion,	43,345,111	34,890,865	78,235,976	6,766,800	32,832,010	"	39,598,810	38,637,166
1860	Mayotte et dépendances.	33,146,510	20,733,083	53,879,593	12,526,851	20,350,171	"	32,877,022	21,002,571
1861		33,025,359	31,016,972	64,042,331	1,400	20,846,977	"	20,848,377	43,193,954
Moyenne des cinq années		47,796,055	31,760,567	79,556,622	7,306,374	30,407,582	"	37,713,956	41,842,666
1862. (Martinique, Guadeloupe, Guyane française, Réunion, Mayotte et dépendances.)		31,113,472	39,581,048	70,694,520	143,254	38,800,181	"	38,943,435	31,751,085

N° 69. — *Tableau présentant, pour l'année 1862, 1° les quantités de morues importées dans les colonies françaises ; 2° celles qui en ont été réexportées ; 3° celles qui y ont été consommées* [1].

(D'après les états dressés par les Administrations coloniales.)

DÉSIGNATION DES COLONIES.	QUANTITÉS DE MORUES IMPORTÉES DANS LES COLONIES FRANÇAISES. De France.	Des colonies et pêcheries françaises.	De l'étranger.	TOTAL.	QUANTITÉS DE MORUES EXPORTÉES DES COLONIES FRANÇAISES. Provenance. Morue de pêche française.	Morue de pêche étrangère.	TOTAL.	Destination. Réexportation pour d'autres colonies françaises.	Réexportation pour l'étranger.	TOTAL.	QUANTITÉS DE MORUES entrées dans la consommation coloniale.	OBSERVATIONS.
1862.	kilogr.	kilogr.	kilogr.	kilogr.	kilogr.	kilogr.	kilogr.	kilogr.	kilogr.	kilogr.	kilogr.	
Martinique.........................	303,525	4,275,749	468,533	5,047,807	634,997	"	634,997	452,818	182,179	634,997	4,412,810	[1] Voir les tableaux semblables concernant les années 1829 à 1839, 1840 à 1854, dans les publications analogues faites par le département de la marine pour 1839 et 1853.
Guadeloupe.........................	471,232	3,835,511	276,347	4,583,090	1,379,831	161,568	1,541,399	934,918	606,481	1,541,399	3,041,691	Voir aussi les tableaux analogues pour 1854, 1855, 1856, 1857, 1858, 1859, 1860, 1861 et ci-dessus, p. 132, le tableau n° 65.
Guyane française....................	12,479	"	389,812	402,291	"	3,043	3,043	"	3,043	3,043	399,248	
Sénégal. { Saint-Louis...............	2,745	60	"	2,805	"	"	"	"	"	"	2,805	
Sénégal. { Gorée....................	1,497	"	"	1,497	60	"	60	60	"	60	1,437	
Réunion.............................	484,652	1,562,184	"	2,046,836	48,750	"	48,750	1,150	47,600	48,750	1,998,086	
Totaux...................	1,276,130	9,673,504	1,134,692	12,084,326	2,063,638	164,611	2,228,249	1,388,946	839,303	2,228,249	9,856,077	
(²) Moyennes, pour les cinq colonies, des trente-deux années antérieures à 1862. { De 1829 à 1831........	4,953,223	1,982,767	2,274,167	9,120,167	"	"	301,533	161,533	140,000	301,533	8,908,634	
De 1832 à 1836........	2,626,600	5,371,900	1,614,700	9,613,200	862,800	22,500	885,300	515,100	370,200	885,300	8,727,900	(²) Ces périodes ont été déterminées par les modifications successives apportées à la législation sur les primes.
De 1837 à 1851........	3,960,750	8,481,311	589,017	13,031,078	2,165,696	48,686	2,214,382	834,918	1,316,997	2,151,915	10,879,163	
De 1852 à 1861........	2,440,449	7,437,121	585,926	10,463,496	1,330,362	31,401	1,361,763	739,437	622,326	1,361,763	9,101,733	

NAVIGATION.

N° 70. — *Tableau présentant, par port et par colonie, les mouvements de navigation commerciale auxquels a donné lieu, en 1862, le commerce maritime entre la France et ses établissements d'outre-mer.* — Navires chargés.

(D'après le tableau général du commerce de la France avec ses colonies et les puissances étrangères pendant l'année 1862, publié par l'Administration des douanes.)

PORTS.	MARTINIQUE.			GUADELOUPE.			GUYANE FRANÇAISE.			ILE DE LA RÉUNION.			SÉNÉGAL.			SAINTE-MARIE DE MADAGASCAR, Mayotte et Nossi-Bé.			ÉTABLISSEMENTS FRANÇAIS dans l'Inde.			TOTAUX.		
	Nombre de navires.	Tonnage.	Nombre d'hommes d'équipage.	Nombre de navires.	Tonnage.	Nombre d'hommes d'équipage.	Nombre de navires.	Tonnage.	Nombre d'hommes d'équipage.	Nombre de navires.	Tonnage.	Nombre d'hommes d'équipage.	Nombre de navires.	Tonnage.	Nombre d'hommes d'équipage.	Nombre de navires.	Tonnage.	Nombre d'hommes d'équipage.	Nombre de navires.	Tonnage.	Nombre d'hommes d'équipage.	Nombre de navires.	Tonnage.	Nombre d'hommes d'équipage.
NAVIRES FRANÇAIS ENTRÉS DANS LES PORTS DE FRANCE.																								
Dieppe	"	"	"	"	"	"	"	"	"	"	"	"	1	280	15	"	"	"	"	"	"	1	280	15
Le Havre	35	9,074	428	45	11,948	553	2	463	21	9	3,815	141	10	2,456	124	"	"	"	"	"	"	101	27,756	1,267
Rouen	"	"	"	"	"	"	"	"	"	"	"	"	4	752	38	"	"	"	"	"	"	4	752	38
Cherbourg	"	"	"	"	"	"	2	425	26	"	"	"	"	"	"	"	"	"	"	"	"	2	425	26
Saint-Malo	"	"	"	1	75	7	"	"	"	"	"	"	"	"	"	"	"	"	"	"	"	1	75	7
Lorient	"	"	"	"	"	"	1	345	15	"	"	"	"	"	"	"	"	"	"	"	"	1	345	15
Nantes	1	138	7	2	435	21	1	249	13	1	233	12	"	"	"	"	"	"	"	"	"	5	1,055	53
Saint-Nazaire	18	5,374	234	29	8,184	374	"	"	"	68	28,213	1,126	1	210	13	6	1,596	75	"	"	"	122	43,577	1,822
Bordeaux	33	7,058	363	21	5,003	259	2	409	23	13	5,298	209	30	7,139	396	"	"	"	9	2,559	120	108	27,466	1,370
Marseille	46	13,369	625	23	7,002	341	8	1,650	89	15	6,311	230	36	8,161	391	"	"	"	1	336	15	129	36,829	1,691
TOTAUX	133	35,013	1,657	121	32,647	1,555	16	3,541	187	106	43,870	1,718	82 (1)	18,998 (1)	977 (1)	6	1,596	75	10	2,895	135	474 (1)	138,560	6,304
NAVIRES FRANÇAIS SORTIS DES PORTS DE FRANCE.																								
Dunkerque	1	206	10	4	973	41	"	"	"	"	"	"	"	"	"	"	"	"	"	"	"	5	1,179	51
Dieppe	"	"	"	"	"	"	"	"	"	"	"	"	1	280	15	"	"	"	"	"	"	1	280	15
Le Havre	39	11,032	511	40	11,352	513	"	"	"	16	7,695	276	10	2,607	111	"	"	"	"	"	"	105	32,686	1,411
Rouen	1	231	11	"	"	"	"	"	"	"	"	"	5	1,255	55	"	"	"	"	"	"	6	1,486	66
Caen	"	"	"	"	"	"	"	"	"	"	"	"	"	"	"	"	"	"	"	"	"	"	"	"
Cherbourg	"	"	"	1	183	10	"	"	"	"	"	"	"	"	"	"	"	"	"	"	"	1	183	10
Granville	"	"	"	"	"	"	"	"	"	"	"	"	"	"	"	"	"	"	"	"	"	"	"	"
Saint-Malo	1	189	9	"	"	"	"	"	"	3	1,220	58	"	"	"	"	"	"	"	"	"	4	1,409	59
Saint-Servan	1	179	11	"	"	"	"	"	"	1	285	14	"	"	"	"	"	"	"	"	"	2	464	25
Redon	"	"	"	"	"	"	"	"	"	"	"	"	"	"	"	"	"	"	"	"	"	"	"	"
Nantes	1	138	8	2	412	31	2	431	24	"	"	"	"	"	"	"	"	"	"	"	"	5	981	63
Saint-Nazaire	15	4,601	205	21	6,069	279	16	4,342	201	41	18,613	710	"	"	"	4	1,483	63	"	"	"	97	35,108	1,458
Bordeaux	37	8,150	414	19	4,553	227	3	746	36	15	6,009	241	43	10,392	564	"	"	"	"	"	"	117	29,850	1,482
Cette	6	1,537	71	"	"	"	1	357	12	"	"	"	1	160	9	"	"	"	"	"	"	8	2,054	92
Marseille	36	10,256	450	20	5,827	271	20	5,233	245	18	8,076	266	23	5,813	266	"	"	"	1	432	15	118	35,637	1,513
Toulon	1	219	12	"	"	"	"	"	"	1	269	11	3	546	28	"	"	"	"	"	"	"	1,034	51
Les Peschiers	"	"	"	"	"	"	"	"	"	1	269	14	"	"	"	"	"	"	"	"	"	1	269	14
TOTAUX	139	36,738	1,712	107	29,369	1,372	42	11,109	518	96	42,436	1,582	86	21,053	1,048	4	1,483	63	1	432	15	475	142,620	6,310

(1) La différence en moins qui se remarque entre les chiffres de ce tableau et ceux du Tableau général du commerce de France, provient de la rectification d'une erreur par suite de laquelle on avait compris à l'entrée, comme venant de Gorée, 1 navire jaugeant 174 tonneaux et monté par 9 hommes, provenant des Pays-Bas.

N° 71. — *Tableau général et comparatif des mouvements de la navigation française et étrangère auxquels le commerce maritime des colonies et pêcheries françaises a donné lieu pendant l'année 1862.*

MARTINIQUE.

DÉSIGNATION DES LIEUX DE PROVENANCE et de destination.	Entrées — Nombre de navires	Entrées — Tonnage	Entrées — Nombre d'hommes d'équipage	Sorties — Nombre de navires	Sorties — Tonnage	Sorties — Nombre d'hommes d'équipage
1° Navires français.						
France [1]	139	36,738	1,712	133	35,013	1,657
Colonies et pêcheries françaises [2]	205	16,863	1,949	182	12,356	1,712
Pays étrangers	76	20,720	1,610	115	29,477	2,116
Total	420	74,321	5,271	430	76,846	5,485
2° Navires étrangers [3].						
De toute provenance et destination	270	"	"	265	"	"
Total général	690	"	"	605	"	"

GUADELOUPE.

DÉSIGNATION	Entrées — Nombre de navires	Entrées — Tonnage	Entrées — Nombre d'hommes d'équipage	Sorties — Nombre de navires	Sorties — Tonnage	Sorties — Nombre d'hommes d'équipage
1° Navires français.						
France [1]	107	29,369	1,372	121	32,047	1,559
Colonies et pêcheries françaises [2]	197	16,317	1,927	169	9,382	1,509
Pays étrangers	106	6,409	932	140	12,323	1,378
Total	410	52,095	4,291	430	54,352	4,508
2° Navires étrangers [3].						
De toute provenance et destination	214	"	"	214	"	"
Total général	624	"	"	644	"	"

GUYANE FRANÇAISE.

DÉSIGNATION	Entrées — Nombre de navires	Entrées — Tonnage	Entrées — Nombre d'hommes d'équipage	Sorties — Nombre de navires	Sorties — Tonnage	Sorties — Nombre d'hommes d'équipage
1° Navires français.						
France [1]	42	11,109	518	16	3,541	187
Colonies et pêcheries françaises [2]	"	"	"	11	3,081	139
Pays étrangers	4	168	29	20	4,502	213
Total	46	11,277	547	47	11,214	539
2° Navires étrangers [3].						
De toute provenance et destination	66	"	"	65	"	"
Total général	112	"	"	112	"	"

RÉUNION.

DÉSIGNATION	Entrées — Nombre de navires	Entrées — Tonnage	Entrées — Nombre d'hommes d'équipage	Sorties — Nombre de navires	Sorties — Tonnage	Sorties — Nombre d'hommes d'équipage
1° Navires français.						
France [1]	96	42,436	1,582	106	43,870	1,718
Colonies et pêcheries françaises [2]	30	9,239	471	45	19,676	760
Pays étrangers	182	60,285	2,970	158	45,432	2,687
Total	308	111,960	5,023	309	108,978	5,165
2° Navires étrangers [3].						
De toute provenance et destination	54	"	"	50	"	"
Total général	362	"	"	359	"	"

ÉTABLISSEMENTS FRANÇAIS DANS L'INDE.

DÉSIGNATION	Entrées — Nombre de navires	Entrées — Tonnage	Entrées — Nombre d'hommes d'équipage	Sorties — Nombre de navires	Sorties — Tonnage	Sorties — Nombre d'hommes d'équipage
1° Navires français.						
France [1]	1	432	15	10	2,895	135
Colonies et pêcheries françaises [2]	93	14,143	919	103	21,914	1,320
Pays étrangers	23	9,162	364	33	12,760	495
Total	117	23,737	1,298	146	37,569	1,950
2° Navires étrangers [3].						
De toute provenance et destination	370	"	"	378	"	"
Total général	487	"	"	524	"	"

SÉNÉGAL (SAINT-LOUIS).

DÉSIGNATION DES LIEUX DE PROVENANCE et de destination.	Entrées — Nombre de navires	Entrées — Tonnage	Entrées — Nombre d'hommes d'équipage	Sorties — Nombre de navires	Sorties — Tonnage	Sorties — Nombre d'hommes d'équipage
1° Navires français.						
France [1]	42	9,574	519	45	9,893	541
Colonies et pêcheries françaises [2]	20	1,231	173	26	2,867	255
Pays étrangers	21	1,758	184	13	637	109
Total	83	12,563	876	84	13,397	905
2° Navires étrangers [3].						
De toute provenance et destination	"	"	"	"	"	"
Total général	83	"	"	84	"	"

SÉNÉGAL (GORÉE).

DÉSIGNATION	Entrées — Nombre de navires	Entrées — Tonnage	Entrées — Nombre d'hommes d'équipage	Sorties — Nombre de navires	Sorties — Tonnage	Sorties — Nombre d'hommes d'équipage
1° Navires français.						
France [1]	44	11,479	529	37	9,105	434
Colonies et pêcheries françaises [2]	102	8,270	779	116	10,163	809
Pays étrangers	442	16,420	2,901	472	11,743	3,175
Total	588	36,169	4,209	625	31,011	4,506
2° Navires étrangers [3].						
De toute provenance et destination	31	"	"	24	"	"
Total général	619	"	"	649	"	"

SAINT-PIERRE ET MIQUELON.

DÉSIGNATION	Entrées — Nombre de navires	Entrées — Tonnage	Entrées — Nombre d'hommes d'équipage	Sorties — Nombre de navires	Sorties — Tonnage	Sorties — Nombre d'hommes d'équipage
1° Navires français.						
France [1]	146	24,835	3,514	50	7,148	[4]
Colonies et pêcheries françaises [2]	164	26,756	"	257	44,052	[5]
Pays étrangers	12	1,597	"	15	1,988	[5]
Total	322	53,188	3,514	322	53,188	[1,5]
2° Navires étrangers [3].						
De toute provenance et destination	88	"	"	82	"	"
Total général	410	"	"	404	"	"

TOTAUX GÉNÉRAUX.

DÉSIGNATION	Entrées — Nombre de navires	Entrées — Tonnage	Entrées — Nombre d'hommes d'équipage	Sorties — Nombre de navires	Sorties — Tonnage	Sorties — Nombre d'hommes d'équipage
1° Navires français.						
France [1]	617	165,972	9,761	518	144,112	6,229
Colonies et pêcheries françaises [2]	811	92,819	6,218	909	123,491	6,653
Pays étrangers	866	116,519	9,050	966	118,952	10,173
Total	2,294	375,310	25,029	2,393	386,555	23,055
2° Navires étrangers [3].						
De toute provenance et destination	1,093	"	"	1,078	"	"
Total général	3,387	"	"	3,471	"	"

[1] Les chiffres relatifs aux mouvements de la navigation entre la France et les colonies sont extraits (à l'exception de ceux qui concernent Saint-Pierre et Miquelon, lesquels sont empruntés aux états dressés dans cette colonie) du *Tableau général du commerce de la France avec ses colonies et les puissances étrangères pendant l'année 1862*, publié par l'Administration des douanes. Le tableau ci-dessus présente, par conséquent, *pour les entrées*, le nombre des navires expédiés de France pour chacune des colonies françaises, et *pour les sorties*, le nombre des navires arrivés de ces mêmes colonies en France.

[2] Les chiffres relatifs aux mouvements de la navigation entre les colonies françaises, et entre ces colonies et les pays étrangers, sont extraits des états dressés par les administrations coloniales. Une partie des bâtiments français employés à cette navigation appartient aux ports de la métropole, et augmente d'autant le nombre total des navires de long cours occupés par le commerce colonial : tels sont notamment ceux qui portent directement de Saint-Pierre et Miquelon aux Antilles les cargaisons de morues de pêche française, et ceux qui font les voyages intermédiaires de la Réunion dans l'Inde, et *vice versa*, pour le transport du riz.

[3] Le tonnage des bâtiments étrangers n'est pas indiqué ici, non plus que le nombre d'hommes de leurs équipages. Il ne faut pas perdre de vue que le tonnage n'est (comme le nombre même des bâtiments) susceptible d'aucune comparaison avec la somme du commerce, relativement très-faible, qu'ils font dans les colonies françaises.

[4] Voir, page 173, la note du tableau n° 90, relative à la navigation commerciale des îles Saint-Pierre et Miquelon avec la métropole, *sorties*.

[5] L'état colonial n'a point fourni de renseignements sur le nombre des hommes d'équipage employés à la navigation entre Saint-Pierre et Miquelon et les autres colonies françaises, non plus que relativement aux bâtiments français allant à l'étranger. (Voir d'ailleurs, page 172, la note 1 du tableau n° 90, navigation avec la France, *entrées*.)

NAVIGATION.

N° 72. — (MARTINIQUE.) — *Tableau des mouvements de la navigation commerciale entre la France et la colonie en 1862.*

(D'après le tableau de la douane de France.)

DÉSIGNATION des PORTS DE FRANCE.	NAVIRES FRANÇAIS.					
	NOMBRE de navires.	TONNAGE.	NOMBRE d'hommes d'équipage.	VALEURS DES CHARGEMENTS.		TOTAL.
				Marchandises françaises.	Marchandises étrangères extraites des entrepôts.	
NAVIRES SORTIS DE FRANCE ALLANT À LA MARTINIQUE.						
(*Lieux de provenance.*)						
Dunkerque....................	1	206	10			
Le Havre.....................	39	11,032	511			
Rouen........................	1	231	11			
Saint-Malo...................	1	189	9			
Saint-Servan.................	1	179	11			
Nantes.......................	1	138	8	20,074,822ᶠ	(1) 1,244,970ᶠ	21,319,792ᶠ
Saint-Nazaire................	15	4,601	205			
Bordeaux.....................	37	8,150	414			
Cette........................	6	1,537	71			
Marseille....................	36	10,256	450			
Toulon.......................	1	219	12			
TOTAUX	139	36,738	1,712			
NAVIRES ENTRÉS EN FRANCE VENANT DE LA MARTINIQUE.						
(*Lieux de destination.*)						
Le Havre.....................	35	9,074	428			
Nantes.......................	1	138	7			
Saint-Nazaire................	18	5,374	234	....	....	19,983,953
Bordeaux.....................	33	7,058	363			
Marseille	46	13,369	625			
TOTAUX	133	35,013	1,657			
TOTAL GÉNÉRAL..						(2) 41,303,745

(1) Voir ci-après, page 152, la note du tableau n° 74. Ce chiffre est emprunté aux états de la douane coloniale.
(2) Dans ces chiffres n'est pas comprise la valeur des importations et des exportations en numéraire. — Les premières ont été de 31,326 francs et les dernières de 19,460 francs. (Voir le tableau n° 20, page 50, pour les *valeurs actuelles.*)

N° 73. — (MARTINIQUE.) — *Tableau des mouvements de la navigation entre la colonie et les autres colonies et pêcheries françaises en 1862.*

(D'après l'état de la douane coloniale.)

NAVIRES ENTRÉS À LA MARTINIQUE.

DÉSIGNATION des COLONIES ET PÊCHERIES FRANÇAISES.	NAVIRES FRANÇAIS.				
	NOMBRE de navires.	TONNAGE.	NOMBRE d'hommes d'équipage.	VALEUR des chargements.	VALEUR TOTALE des chargements.
(Lieux de provenance.)					
Pondichéry.....................	1	393	22	101,864ᶠ	
Saint-Pierre et Miquelon...........	23	3,842	232	1,364,688	
Cayenne.....................	19	4,795	226	42,327	2,559,439ᶠ
Guadeloupe.....................	101	7,780	1,459	1,043,713	
Saint-Martin (partie française)......	1	53	10	6,847	
TOTAUX.................	205	16,863	1,949		

NAVIRES SORTIS DE LA MARTINIQUE.

DÉSIGNATION DES COLONIES et pêcheries françaises.	NAVIRES FRANÇAIS.						
	NOMBRE de navires.	TONNAGE	NOMBRE d'hommes d'équipage.	MARCHANDISES du cru de la colonie.	MARCHANDISES réexportées.		VALEUR TOTALE des chargements.
					Françaises.	Étrangères.	
(Lieux de destination.)							
St-Pierre et Miquelon.	17	2,948	173	16,595ᶠ	4,155ᶠ	″	20,750ᶠ
Guadeloupe.........	165	9,408	1,539	1,168	650,630	225,820ᶠ	877,018
TOTAUX........	182	12,356	1,712	17,763	654,785	225,820	897,768
TOTAL GÉNÉRAL de la valeur des chargements importés et exportés..							3,457,207

N° 74. — (MARTINIQUE.) — *Tableau des mouvements de la navigation commerciale entre la colonie et les pays étrangers en 1862.*

(D'après l'état de la douane coloniale.)

DÉSIGNATION des PAYS ÉTRANGERS.	NAVIRES FRANÇAIS.				NAVIRES ÉTRANGERS				VALEUR TOTALE des chargements.
					PORTANT pavillon du pays.		PORTANT autre pavillon.		
	NOMBRE.	TONNAGE.	NOMBRE D'HOMMES d'équipage.	VALEUR des chargements.	Nombre de navires.	Valeur des chargements.	Nombre de navires.	Valeur des chargements.	
NAVIRES ENTRÉS À LA MARTINIQUE.									
(*Lieux de provenance.*)				fr.		fr.		fr.	fr.
Grande-Bretagne..........	16	6,403	330	377,338	28	572,802	2	33,128	983,268
Possessions anglaises : Calcutta, Sincapour, Nouvelle-Écosse, New-Brunswick, Bermudes, Jamaïque, Démérary, Trinité, Grenade, Saint-Vincent, Antigue, Barbade, Saint-Christophe, Dominique et Sainte-Lucie.	18	1,391	174	285,848	160	1,148,200	4	22,596	1,456,644
Belgique (Anvers).........	"	"	"	"	"	"	2	24,800	24,800
États-Unis..............	"	"	"	"	31	1,420,636	21	1,026,820	2,447,456
Colonies hollandaises : Surinam, Curaçao, Saint-Eustache, Saint-Martin (partie hollandaise)..........	1	46	11	5,010	5	22,120	1	"	27,130
Colonie suédoise : Saint-Barthélemy...	"	"	"	"	4	45,060	3	23,887	68,947
Colonie danoise : Saint-Thomas...................	1	41	10	124	"	23,643	6	127,150	150,917
Colonies espagnoles : Cuba et Porto-Rico et Ténériffe....	23	4,984	544	632,509	"	"	"	1,798	634,307
Uruguay (Montevideo).....	1	216	11	11,500	"	"	"	"	11,500
Mexique (Vera-Cruz).......	4	4,049	323	"	"	"	"	"	"
Vénézuéla et île Marguerite..	4	212	52	23,539	2	20,830	1	7,650	52,019
Côte d'Afrique (Congo).....	8	3,378	155	23,050	"	"	"	"	23,050
TOTAUX..........	76	20,720	1,610	1,358,918	230	3,253,291	40	1,267,829	(¹) 5,880,038

(¹) En ajoutant à cette somme de... 5,880,038ᶠ

celle de.. 1,244,970

qui représente la valeur des marchandises étrangères extraites des entrepôts métropolitains, et qui figure dans le tableau n° 72 de la navigation commerciale avec la France, on aura le chiffre total des importations en marchandises étrangères................................... 7,125,008

DÉSIGNATION des PAYS ÉTRANGERS.	Origine des marchandises.	NAVIRES FRANÇAIS.				NAVIRES ÉTRANGERS				VALEUR TOTALE
		NOMBRE.	TONNAGE.	NOMBRE D'HOMMES D'équipage.	VALEUR des chargements.	PORTANT pavillon du pays.		PORTANT autre pavillon.		des chargements.
						Nombre de navires.	Valeur des chargements.	Nombre de navires.	Valeur des chargements.	
					fr.		fr.		fr.	fr.
NAVIRES SORTIS DE LA MARTINIQUE.										
Colonies anglaises : Nouvelle-Écosse, New-Brunswick, Bermudes, Démérary, Trinité, îles du Turc, Grenade, St-Vincent, Antigue, Barbade, Nièves, Saint-Christophe, Ste-Lucie et Dominique......	du cru....	22	1,683	216	1,180	170	16,867	17	5,137	1,051,091
	françaises..				58,895		829,971		19,388	
	étrangères..				10,486		109,167		"	
États-Unis.....	du cru.....	6	1,914	128	"	6	2,045	"	"	2,050
	françaises..				5		"			
Cuba et Porto-Rico.........	françaises..	16	2,123	181	440	"	"	12	"	440
Saint-Thomas..	du cru....	38	9,344	457	2,000	"	"	41	92	22,086
	françaises..				8,691				11,303	
St-Barthélemy.	françaises..	"	"	"	"	5	5,655	3	2,662	8,317
Colonies hollandaises : Surinam, Curaçao, Bonair, Saint-Eustache, St-Martin (P. H.)	du cru.....	"	"	"	"	4	"	4	200	11,663
	françaises..						6,891		"	
	étrangères..						4,572		"	
Vénézuéla et île Marguerite...	françaises..	6	334	56	29,985	1	"	"	"	29,985
Nouvelle-Grenade (Rio-de-la-Hacha).................		1	216	11	"	"	"	"	"	"
Mexique......	du cru....	10	8,578	847	1,060	2	"	"	"	79,338
	françaises..				49,720					
	étrangères..				28,558					
République de St-Domingue..		13	3,921	167	"	"	"	1	"	"
Côte d'Afrique : Congo......	du cru.....	3	1,364	53	6,835	"	"	"	"	27,756
	françaises..				20,921					
TOTAUX...........		115	29,477	2,116	218,776	188	975,168	77	38,782	(1) 1,232,726

(1) RÉCAPITULATION de la valeur des chargements..

en marchandises du cru de la colonie...... 38,556f
en marchandises françaises............... 1,041,387
en marchandises étrangères............... 152,783

TOTAL ÉGAL................................ 1,232,726

N° 75. — (GUADELOUPE ET DÉPENDANCES.) — *Tableau des mouvements de la navigation commerciale entre la France et la colonie en 1862.*

(D'après le tableau de la douane de France.)

DÉSIGNATION des PORTS DE FRANCE.	NAVIRES FRANÇAIS.					
	NOMBRE do navires.	TONNAGE.	NOMBRE d'hommes d'équipage.	VALEUR DES CHARGEMENTS.		
				Marchandises françaises.	Marchandises étrangères extraites des entrepôts.	TOTAL.
NAVIRES SORTIS DE FRANCE ALLANT À LA GUADELOUPE.						
(*Lieux de provenance.*)						
Dunkerque	4	973	41			
Le Havre	40	11,352	513			
Cherbourg	1	183	10			
Nantes	2	412	31	16,842,920ᶠ	1,153,084ᶠ (1)	17,996,004ᶠ
Saint-Nazaire	21	6,069	279			
Bordeaux	19	4,553	227			
Marseille	20	5,827	271			
TOTAUX	107	29,369	1,372			
NAVIRES ENTRÉS EN FRANCE VENANT DE LA GUADELOUPE.						
(*Lieux de destination.*)						
Le Havre	45	11,948	553			
Saint-Malo	1	75	7			
Nantes	2	435	21			
Saint-Nazaire	29	8,184	374	....	....	20,661,968
Bordeaux	21	5,003	259			
Marseille	23	7,002	341			
TOTAUX	121	32,647	1,555			
TOTAL GÉNÉRAL						38,657,972 (2)

(1) Voir ci-après, page 156, la note du tableau n° 77. Ce chiffre est emprunté à l'état colonial.

(2) Dans ce chiffre n'est pas comprise la valeur du numéraire exporté ou importé : les exportations de ce genre de France pour la colonie ont été de 484,800 francs, et les importations de la colonie en France de 27,550 francs. (Voir le tableau n° 26, page 64, pour les *valeurs actuelles.*)

N° 76. — (GUADELOUPE ET DÉPENDANCES.) — *Tableau des mouvements de la navigation entre la colonie et les autres colonies et pêcheries françaises en 1862.*

(D'après l'état de la douane coloniale.)

DÉSIGNATION des COLONIES ET PÊCHERIES FRANÇAISES.	NAVIRES FRANÇAIS.				
	NOMBRE des navires.	TONNAGE.	NOMBRE d'hommes d'équipage.	VALEUR des chargements.	VALEUR TOTALE des chargements.
NAVIRES ENTRÉS À LA GUADELOUPE.					
(*Lieux de provenance.*)					
Pondichéry......................	3	1,398	61	191,580 f	
Saint-Pierre et Miquelon...........	23	3,804	238	1,337,654	
Sénégal.......................	3	789	37	92,431	
Cayenne......................	2	690	30	"	2,543,630 f
Martinique....................	165	9,592	1,551	920,878	
Saint-Martin. (Partie française.).....	1	44	10	1,087	
TOTAUX.................	197	16,317	1,927		

DÉSIGNATION DES COLONIES et pêcheries françaises.	NAVIRES FRANÇAIS.				MARCHANDISES réexportées.		VALEUR TOTALE des chargements.
	NOMBRE de navires.	TONNAGE	NOMBRE d'hommes d'équipage.	MARCHANDISES du cru de la colonie.	Françaises.	Étrangères.	
NAVIRES SORTIS DE LA GUADELOUPE.							
(*Lieux de destination.*)							
St-Pierre et Miquelon.	11	1,565	108	13,339 f	10,925 f	"	24,264 f
Sénégal.............	1	233	11	"	"	"	"
Martinique.........	156	7,531	1,440	38,572	995,042	72,073	1,105,687
Saint-Martin.......	1	53	10	"	544	"	844
TOTAUX.........	169	9,382	1,569	51,911	1,006,511	72,073	1,130,495

TOTAL GÉNÉRAL de la valeur des chargements importés et exportés....... **3,674,125**

N° 77. — (GUADELOUPE ET DÉPENDANCES.) — *Tableau des mouvements de la navigation commerciale entre la colonie et les pays étrangers en 1862.*

(D'après l'état de la douane coloniale.)

DÉSIGNATION des PAYS ÉTRANGERS.	NAVIRES FRANÇAIS.				NAVIRES ÉTRANGERS (¹)				VALEUR TOTALE des chargements.
					PORTANT pavillon du pays.		PORTANT autre pavillon.		
	NOMBRE de navires.	TONNAGE.	NOMBRE D'HOMMES d'équipage.	VALEUR des chargements.	Nombre de navires.	Valeur des chargements.	Nombre de navires.	Valeur des chargements.	
NAVIRES ENTRÉS À LA GUADELOUPE.									
(Lieux de provenance.)									
Angleterre...............	6	1,527	71	106,530^f	9	150,211^f	"	"	256,741^f
Colonies anglaises: Nouvelle - Écosse, Démérary, Trinité, Grenade, Saint-Vincent, Barbade, Sainte-Lucie, Antigue, Nièves , Montserrat , Saint-Christophe et Dominique...............	47	1,975	397	298,361	125	834,484	5	28,190^f	1,161,035
Colonies espagnoles : Porto-Rico et Vieques...	37	1,767	370	588,629	"	"	"	"	588,629
Colonie portugaise : Madère...............	"	"	"	"	"	"	1	18,348	18,348
Colonies hollandaises : Bonair, Curaçao, Guyane, Saint-Eustache et Saint-Martin...............	1	43	10	7,008	11	43,287	1	17,410	67,695
Colonie danoise: Saint-Thomas.........	8	348	73	55,348	"	"	6	75,884	131,232
Colonie suédoise : Saint-Barthélemy.......	"	"	"	"	2	19,555	3	5,830	25,385
États-Unis.............	"	"	"	"	31	1,448,740	19	655,578	2,104,318
République vénézuélienne	5	338	46	16,611	"	"	1	1,703	18,314
Uruguay (Montevideo)...	1	366	15	21,770	"	"	"	"	21,770
Chili (Valparaiso)......	"	"	"	3,719	"	"	"	"	3,719
Mexique.............	1	45	10	850	"	"	"	"	850
TOTAUX.........	106	6,409	992	1,098,826	178	2,496,277	36	802,943	(¹) 4,398,036

(¹). En ajoutant à cette somme de... 4,398,036^f
celle de.. 1,153,084
qui représente la valeur des marchandises étrangères extraites des entrepôts métropolitains, et qui
figure dans le tableau n° 75 de la navigation commerciale avec la France, on aura le chiffre total des
importations en marchandises étrangères, ci... 5,551,120

DÉSIGNATION des PAYS ÉTRANGERS.		NAVIRES FRANÇAIS.				NAVIRES ÉTRANGERS				VALEUR TOTALE des chargements.
						PORTANT pavillon du pays.		PORTANT autre pavillon.		
		NOMBRE de navires.	TONNAGE.	NOMBRE D'HOMMES d'équipage.	VALEUR des chargements.	Nombre de navires.	Valeur des chargements.	Nombre de navires.	Valeur des chargements.	
NAVIRES SORTIS DE LA GUADELOUPE.										
[Lieux de destination.] Origine des marchandises.										
Colonies anglaises :										
Nouvelle-Écosse, îles du Turc, Grande-Inague, Démérary, Trinité, Grenade, St-Vincent, Barbade, Nièves, Montserrat, Antigue, St-Christophe et Dominique........	du cru....	48	1,819	417	3,317f	125	8,362f	12	30f	685,704
	françaises.				312,067		270,779		31,200	
	étrangères.				38,789		21,070		"	
Colonies espagnoles :										
Cuba, Porto-Rico et Vieques	du cru....	37	2,621	368	36	"	"	4	443	91,857
	françaises.				79,804				"	
	étrangères.				11,574				"	
Colonies hollandaises :										
Guyane, Curaçao, Saint-Eustache et Saint-Martin.	du cru...	3	157	29	1,574	10	"	5	366	26,647
	françaises.				14,634		7,997		2,076	
Colonie danoise :										
Saint-Thomas....	du cru....	31	3,357	316	645	"	"	45	1,204	202,070
	françaises.				169,373				8,916	
	étrangères.				21,932				"	
Colonie suédoise :										
St-Barthélemy. .	du cru....	"	"	"	"	2	"	3	30	3,890
	françaises.						2,802		1,058	
États-Unis......	du cru....	3	834	38	"	6	3,239	2	9,937	22,373
	françaises.						3,943		5,254	
Vénézuéla......	françaises.	6	501	60	21,530	"	"	"	"	23,655
	étrangères.				2,125					
Mexique........	du cru....	2	90	18	45,196	"	"	"	"	62,677
	françaises.				17,481					
Haïti.........	françaises.	10	2,944	132	994	"	"	"	"	994
Totaux...........		140	12,323	1,378	741,071	143	318,192	71	60,604	(1) 1,110,867

(1) RÉCAPITULATION de la valeur des chargements.. { en marchandises du cru.................... 74,370f ; en marchandises françaises................. 940,998 ; en marchandises étrangères................. 95,490

TOTAL ÉGAL................................ 1,110,867

N° 78. — (GUYANE FRANÇAISE.) — *Tableau des mouvements de la navigation commerciale entre la France et la colonie en 1862.*

(D'après le tableau de la douane de France.)

DÉSIGNATION des PORTS DE FRANCE.	NAVIRES FRANÇAIS.					
	NOMBRE de navires.	TONNAGE.	NOMBRE d'hommes d'équipage.	VALEUR DES CHARGEMENTS.		TOTAL.
				Marchandises françaises.	Marchandises étrangères extraites des entrepôts.	
NAVIRES SORTIS DE FRANCE ALLANT À CAYENNE.						
(Lieux de provenance.)						
Nantes.......................	2	431	24			
Saint-Nazaire...............	16	4,342	201			
Bordeaux....................	3	746	36	5,494,516ᶠ	1,103,236ᶠ [1]	6,597,752ᶠ
Cette.......................	1	357	12			
Marseille...................	20	5,233	245			
TOTAUX..........	42	11,109	518			
NAVIRES ENTRÉS EN FRANCE VENANT DE CAYENNE.						
(Lieux de destination.)						
Le Havre	2	463	21			
Cherbourg..................	2	425	26			
Lorient....................	1	345	15	....	....	1,081,515 [2]
Nantes.....................	1	249	13			
Bordeaux...................	2	409	23			
Marseille..................	8	1,650	89			
TOTAUX..........	16	3,541	187			
TOTAL GÉNÉRAL..						7,679,267

[1] Voir ci-après, page 160, la note du tableau n° 80. Ce chiffre est emprunté à l'état colonial.

[2] Dans ces chiffres n'est pas comprise la valeur du numéraire importé : les importations de ce genre de la Guyane en France ont été de 350,589 francs; il n'a été constaté pour 1862 aucune exportation de même nature de France pour la colonie. (Voir le tableau n° 32, page 78, pour les *valeurs actuelles*.)

N° 79. — (GUYANE FRANÇAISE.) ◄— *Tableau des mouvements de la navigation entre la colonie et les autres colonies et pêcheries françaises en 1862.*

(D'après l'état de la douane coloniale.)

DÉSIGNATION des COLONIES ET PÊCHERIES FRANÇAISES.	NAVIRES FRANÇAIS.				
	NOMBRE de navires.	TONNAGE.	NOMBRE d'hommes d'équipage.	VALEUR des chargements.	VALEUR TOTALE des chargements.
NAVIRES ENTRÉS À LA GUYANE FRANÇAISE.					
(*Lieux de provenance.*)				fr.	
Martinique......	"	"	"	5,133	11,685ᶠ
Guadeloupe................	"	"	"	6,552	
TOTAUX............	"	"	"	11,685	11,685

DÉSIGNATION DES COLONIES et pêcheries françaises.	NAVIRES FRANÇAIS.						
	NOMBRE de navires.	TONNAGE.	NOMBRE d'hommes d'équipage.	MARCHANDISES du cru de la colonie.	MARCHANDISES réexportées.		VALEUR TOTALE des chargements.
					Françaises.	Étrangères.	
NAVIRES SORTIS DE LA GUYANE FRANÇAISE.							
(*Lieux de destination.*)					fr.		fr.
Martinique	10	2,794	126	65,166	48,005	400	113,571
Guadeloupe..........	1	287	13	"	"	"	"
TOTAUX........	11	3,081	139	65,166	48,005	400	113,571
TOTAL GÉNÉRAL de la valeur des chargements importés et exportés.							125,256

N° 80. — (GUYANE FRANÇAISE.) — *Tableau des mouvements de la navigation commerciale entre la colonie et les pays étrangers en 1862.*

(D'après l'état de la douane coloniale.)

DÉSIGNATION des PAYS ÉTRANGERS.	NAVIRES FRANÇAIS.				NAVIRES ÉTRANGERS				VALEUR TOTALE des chargements.
					PORTANT pavillon du pays.		PORTANT autre pavillon.		
	NOMBRE de navires.	TONNAGE.	NOMBRE D'HOMMES d'équipage.	VALEUR des chargements.	Nombre de navires.	Valeur des chargements.	Nombre de navires.	Valeur des chargements.	
NAVIRES ENTRÉS À CAYENNE.									
(*Lieux de provenance.*)				fr.		fr.		fr.	fr.
États-Unis.................	"	"	"	"	10	683,442	9	561,529	1,244,971
Lisbonne.................	"	"	"	"	1	10,674	"	"	10,674
Brésil.................	1	40	7	16,820	1	5,850	32	786,678	809,348
Madère et Ténériffe.........	"	"	"	18,369	1	5,358	"	"	23,727
Trinité.................	"	"	"	"	1	39,178	"	"	39,178
Démérary.................	"	"	"	2,400	3	54,026	"	13,530	69,956
Surinam.................	3	128	22	41,932	8	145,292	"	"	187,224
TOTAUX.........	4	168	29	79,521	25	943,820	41	1,361,737	(¹) 2,385,078

(¹) En ajoutant à cette somme de... 2,385,078ᶠ

celle de... 1,103,236

qui représente la valeur des marchandises étrangères extraites des entrepôts métropolitains, et qui figure dans le tableau n° 78 de la navigation commerciale avec la France, on aura le chiffre total des importations en marchandises étrangères, ci... 3,488,314

DÉSIGNATION des PAYS ÉTRANGERS.	NAVIRES FRANÇAIS.				NAVIRES ÉTRANGERS				VALEUR TOTALE des chargements.
	NOMBRE de navires.	TONNAGE.	NOMBRE D'HOMMES d'équipage.	VALEUR des chargements.	PORTANT pavillon du pays.		PORTANT autre pavillon.		
					Nombre de navires.	Valeur des chargements.	Nombre de navires.	Valeur des chargements.	
NAVIRES SORTIS DE CAYENNE.									
(Lieux de destination.)				fr.		fr.		fr.	fr.
Origine des marchandises.									
Angleterre..................	"	"	"	"	2	"	1	"	"
Sierra-Leone...............	"	"	"	"	"	"	1	"	"
Brésil.......... Françaises.	1	40	7	"	1	"	25	450	450
États-Unis....... Du cru....	"	"	"	"	8	83,484	"	"	83,484
Havane....................	1	260	12	"	"	"	"	"	"
Saint-Domingue.............	14	3,835	159	"	"	"	"	"	"
Saint-Thomas..............	1	329	13	"	"	"	3	"	"
Démérary.........(Du cru.).	"	"	"	"	3	26,540	"	"	26,540
Surinam..... { Du cru....... / Françaises.... / Étrangères.... }	3	128	22	20,212	16	61,187	5	5,027	86,426
TOTAUX.........	20	4,592	213	20,212	30	171,211	35	5,477	(1) 196,900

(1) RÉCAPITULATION de la valeur des chargements......
{ Marchandises du cru de la colonie...... 129,116ᶠ
Marchandises françaises............... 32,254
Marchandises étrangères.............. 35,530 }

TOTAL ÉGAL.................... 196,900

N° 81. — (RÉUNION.) — *Tableau des mouvements de la navigation commerciale entre la France et la colonie en 1862.*

(D'après le tableau de la douane de France.)

DÉSIGNATION des PORTS DE FRANCE.	NAVIRES FRANÇAIS.					
	NOMBRE de navires.	TONNAGE.	NOMBRE d'hommes d'équipage.	VALEUR DES CHARGEMENTS.		TOTAL.
				Marchandises françaises.	Marchandises étrangères extraites des entrepôts.	
NAVIRES SORTIS DE FRANCE ALLANT À LA RÉUNION.						
(Lieux de provenance.)						
Le Havre........................	16	7,695	276			
Saint-Malo......................	3	1,220	50			
Saint-Servan	1	285	14			
Saint-Nazaire...................	41	18,613	710	25,602,358ᶠ	(¹) 1,150,040ᶠ	26,752,398ᶠ
Bordeaux........................	15	6,009	241			
Marseille.......................	18	8,076	266			
Toulon..........................	1	269	11			
Les Peschiers...................	1	269	14			
TOTAUX..........	96	42,436	1,582			
NAVIRES ENTRÉS EN FRANCE VENANT DE LA RÉUNION.						
(Lieux de destination.)						
Le Havre........................	9	3,815	141			
Nantes..........................	1	233	12			
Saint-Nazaire...................	68	28,213	1,126	....	....	46,782,015
Bordeaux........................	13	5,298	209			
Marseille.......................	15	6,311	230			
TOTAUX..........	106	43,870	1,718			
TOTAL GÉNÉRAL......................						(²) 73,534,413

(¹) Voir ci-après, page 164, la note du tableau n° 83. Ce chiffre est emprunté à l'état colonial.

(²) Dans ce chiffre n'est pas comprise la valeur du numéraire exporté ou importé: il a été constaté, en 1862, une exportation de 880,200 francs. L'importation de la Réunion en France n'a été que de 1,480 francs. (Voir page 88, le tableau n° 38, pour les valeurs actuelles.)

N° 82. — (RÉUNION.) — *Tableau des mouvements de la navigation entre la colonie et les autres colonies et pêcheries françaises en 1862.*

(D'après l'état de la douane coloniale.)

DÉSIGNATION des COLONIES ET PÊCHERIES FRANÇAISES.	NOMBRE de navires.	TONNAGE.	NOMBRE d'hommes d'équipage.	VALEUR des chargements.	VALEUR totale des chargements.
NAVIRES ENTRÉS À LA RÉUNION.					
(Lieux de provenance.)					
Saint-Pierre et Miquelon..............	5	1,496	76	783,968ᶠ	
Pondichéry........................	7	2,251	102	3,049,383	
Karikal...........................	8	4,253	159	"	
Iles Saint-Paul et Amsterdam...........	2	142	35	16,349	3,859,223ᶠ
Mayotte..........................	1	429	18	"	
Nossi-Bé.........................	4	382	47	3,465	
Sainte-Marie de Madagascar...........	3	286	34	6,058	
TOTAUX...............	30	9,239	471		

DÉSIGNATION DES COLONIES et pêcheries françaises.	NOMBRE de navires.	TONNAGE	NOMBRE d'hommes d'équipage.	MARCHANDISES du cru de la colonie.	MARCHANDISES réexportées. Françaises.	MARCHANDISES réexportées. Étrangères.	VALEUR totale des chargements.
NAVIRES SORTIS DE LA RÉUNION.							
(Lieux de destination.)							
Martinique................	2	994	39	"	217ᶠ	55ᶠ	272ᶠ
Saïgon....................	2	678	28	4,464ᶠ	113,027	10,202	127,693
Pondichéry...............	36	17,309	632	1,540	81,790	2,110	85,440
Nouvelle-Calédonie.........	"	"	"	1,502	"	"	1,502
Iles Saint-Paul et Amsterdam.	2	98	21	"	3,001	83	3,084
Mayotte et Nossi-Bé........	2	553	30	26,672	325,615	762	353,049
Sainte-Marie de Madagascar..	1	44	10	"	45,377	"	45,377
TOTAUX........	45	19,676	760	34,178	569,027	13,212	(¹) 616,417
TOTAL GÉNÉRAL de la valeur des chargements importés et exportés.....							4,475,640

(¹) Il a été en outre constaté, pour 1862, une exportation en numéraire de 756,421 francs de la Réunion pour les autres colonies françaises. Il ne s'est effectué aucune importation du même genre des autres colonies à la Réunion.

N° 83. — (RÉUNION.) — *Tableau des mouvements de la navigation commerciale entre la colonie et les pays étrangers en 1862.*

(D'après l'état de la douane coloniale.)

DÉSIGNATION DES PAYS ÉTRANGERS.	NAVIRES FRANÇAIS.				NAVIRES ÉTRANGERS				VALEUR TOTALE des chargements.
					PORTANT pavillon du pays.		PORTANT autre pavillon.		
	NOMBRE de navires.	TONNAGE.	NOMBRE D'HOMMES d'équipage.	VALEUR des chargements.	Nombre de navires.	Valeur des chargements.	Nombre de navires.	Valeur des chargements.	
NAVIRES ENTRÉS À LA RÉUNION.									
(*Lieux de provenance.*)									
Calcutta................	69	32,511	1,207	13,494,436f	3	7,435f	"	"	13,501,871f
Maurice................	27	3,905	300	786,077	37	68,315	3	"	854,392
Madagascar............	51	11,685	937	1,805,268	"	"	4	127,112f	1,932,380
Sydney................	7	2,257	100	827,652	"	"	"	"	827,652
Cocanada sur le *Godavery*.	5	1,885	70	557,910	"	"	"	"	557,910
Montevideo............	4	1,546	62	164,532	"	"	"	"	164,532
Batavia................	2	1.130	39	4,368	"	"	"	"	4,368
Buenos-Ayres..........	2	917	37	238,265	"	"	"	"	238,265
Rangoun...............	1	231	16	48,863	"	"	"	"	48,863
Coringuy..............	1	331	14	132,797	"	"	"	"	132,797
Kura-Chee. (Golfe d'Oman.) Comptoir anglais...............	1	403	18	161,215	"	"	"	"	161,215
Sincapour..............	1	306	14	24,342	"	"	"	"	24,342
Sumatra...............	1	240	14	5,692	"	"	"	"	5,692
Rio-Janeiro............	1	453	17	150,000	"	"	"	"	150,000
New-York..............	1	215	11	312,912	"	"	"	"	312,912
Port-Elisabeth. (Cap de Bonne-Espérance.....	1	121	10	10,563	"	"	"	"	10,563
Sétuval................	1	453	17	1,200	"	"	"	"	1,200
Mascate...............	1	76	12	51,230	"	"	"	"	51,230
Seychelles.............	1	103	13	23,229	"	"	"	"	23,229
Mazulipatam...........	2	656	20	Relâche.	"	"	"	"	"
Newcastle..............	1	366	17	Sur lest.	"	"	"	"	"
Alipi..................	1	315	10	Sur lest.	6	Sur lest.	"	"	"
Autres lieux...........	"	"	"	"	"	"	1	Immigra.ts	"
TOTAUX.........	182	60,285	2,970	18,800,551	46	75,750	8	127,112	(1) 19,003,413

(1) En ajoutant à cette somme de.. 19,003,413f
celle de.. 1,150,040
qui représente la valeur des marchandises étrangères extraites des entrepôts métropolitains, et qui figure dans le tableau n° 81 de la navigation commerciale avec la France, on aura le chiffre total des importations en marchandises étrangères, ci................................. 20,153,453

DÉSIGNATION des PAYS ÉTRANGERS.	NAVIRES FRANÇAIS.				NAVIRES ÉTRANGERS				VALEUR TOTALE des chargements.
	NOMBRE de navires.	TONNAGE.	NOMBRE D'HOMMES d'équipage.	VALEUR des chargements.	PORTANT pavillon du pays.		PORTANT autre pavillon.		
					Nombre de navires.	Valeur des chargements.	Nombre de navires.	Valeur des chargements.	

NAVIRES SORTIS DE LA RÉUNION.

(Lieux de destination.)

Origine des marchandises.				fr.		fr.		fr.	fr.
Calcutta......... (¹)	38	17,287	650	85,011	"	"	"	"	85,011
Maurice.................	32	7,179	502	327,688	32	218,125	"	"	545,813
Sydney.................	8	2,402	115	1,756,479	"	"	"	"	1,756,479
Pointe-de-Galles..........	8	3,202	126	55,666	"	"	"	"	55,666
Bombay.................	2	1,196	38	1,101	"	"	"	"	1,101
Cochin.................	2	799	29	11,479	"	"	"	"	11,479
Sainte-Hélène...........	Les navires figurent aux ports de France.			20,904	"	"	"	"	20,904
Java.................	2	997	36	5,132	"	"	"	"	5,132
Kura-Ghee..............	1	403	18	5,930	"	"	"	"	5,930
Carimata (mer de Chine). Comptoir hollandais......	1	255	14	3,140	"	"	"	"	3,140
Colombo.................	1	333	16	1,203	"	"	"	"	1,203
Pulo-Pinang.............	1	41	48	507	"	"	"	"	507
Zanzibar...............	1	496	18	8,413	"	"	"	"	8,413
Londres.................	"	"	"	"	1	sur lest.	"	"	"
Madagascar..............	60	10,068	1,062	691,127	"	"	5	15,690	706,817
Aden.................	1	403	15	495	12	sur lest.	"	"	495
TOTAUX......	158	45,432	2,687	2,974,275	45	218,125	5	15,690	(¹) 3,208,090

(¹) RÉCAPITULATION DE LA VALEUR DES CHARGEMENTS.

Marchandises du cru de la colonie........................ 1,448,294ᶠ
Marchandises françaises................................. 1,587,329
Marchandises étrangères................................. 172,467

TOTAL ÉGAL................. 3,208,090

La totalisation des valeurs partielles des chargements, indiquées dans le mouvement de la navigation du document colonial, présentant, pour les marchandises des diverses origines, de notables différences en plus ou en moins, avec les chiffres correspondants de l'état d'exportation, on a dû se borner à emprunter à ce dernier la récapitulation ci-dessus, et supprimer la décomposition des chargements par lieu de destination.

N° 84. — (SÉNÉGAL. — SAINT-LOUIS.) — *Tableau des mouvements de la navigation commerciale entre la France et la colonie en 1862.*

(D'après le tableau de la douane de France.)

DÉSIGNATION des PORTS DE FRANCE.	NAVIRES FRANÇAIS.					
	NOMBRE de navires.	TONNAGE.	NOMBRE d'hommes d'équipage.	VALEUR DES CHARGEMENTS.		TOTAL.
				Marchandises françaises.	Marchandises étrangères extraites des entrepôts.	
NAVIRES SORTIS DE FRANCE ALLANT À SAINT-LOUIS.						
(*Lieux de provenance.*)						
Le Havre........................	4	1,140	51			
Bordeaux........................	27	6,198	348	4,860,204f	3,354,433f (1)	8,214,637f
Cette............................	1	160	9			
Marseille........................	10	2,076	111			
Totaux...............	42	9,574	519			
NAVIRES ENTRÉS EN FRANCE VENANT DE SAINT-LOUIS.						
(*Lieux de destination.*)						
Le Havre........................	6	1,499	80			
Saint-Nazaire...................	1	210	13	....	....	6,796,915f
Bordeaux........................	22	5,001	281			
Marseille........................	16	3,183	167			
Totaux...............	45	9,893	541			
Total général........................						15,011,552 (2)

(1) Voir ci-après, page 168, la note 2 du tableau n° 86. Ce chiffre est emprunté à l'état colonial.

(2) Dans ce chiffre n'est pas comprise la valeur du numéraire importé : les importations de Saint-Louis en France ont été de 83,724 francs. (Voir, page 100, le tableau n° 44, pour les *valeurs actuelles.*)

N° 85. — (SÉNÉGAL. — SAINT-LOUIS.) — *Tableau des mouvements de la navigation entre la colonie et les autres colonies et pêcheries françaises en 1862.*

(D'après l'état de la douane coloniale.)

DÉSIGNATION des COLONIES ET PÊCHERIES FRANÇAISES.	NAVIRES FRANÇAIS.				
	NOMBRE de navires.	TONNAGE.	NOMBRE d'hommes d'équipage.	VALEUR des charge-ments.	VALEUR totale des chargements.
NAVIRES ENTRÉS À SAINT-LOUIS.					
(*Lieux de provenance.*)					
Gorée..............................	20	1,231	173	....	227,300ᶠ

DÉSIGNATION DES COLONIES et pêcheries françaises.	NAVIRES FRANÇAIS.				MARCHANDISES réexportées.		VALEUR totale des chargements.
	NOMBRE de navires.	TONNAGE.	NOMBRE d'hommes d'équi-page.	MAR-CHANDISES du cru de la colonie.	Françaises.	Étrangères.	
NAVIRES SORTIS DE SAINT-LOUIS.							
(*Lieux de destination.*)							
Gorée..............	24	2,341	228	75,556ᶠ	81,034	39,582	196,172ᶠ
Guadeloupe..........	2	526	27	17,850	"	"	17,850
Totaux.......	26	2,867	255	93,406	81,034	39,582	214,022
TOTAL GÉNÉRAL de la valeur des chargements importés et exportés.							441,412

N° 86. —(Sénégal. — Saint-Louis.) — *Tableau des mouvements de la navigation commerciale entre la colonie et les pays étrangers en 1862.*

(D'après l'état de la douane coloniale.)

DÉSIGNATION des PAYS ÉTRANGERS.	NAVIRES FRANÇAIS.				NAVIRES ÉTRANGERS (¹)				VALEUR TOTALE des chargements.
					PORTANT pavillon du pays.		PORTANT autre pavillon.		
	NOMBRE de navires.	TONNAGE.	NOMBRE D'HOMMES d'équipage.	VALEUR des chargements.	Nombre de navires.	Valeur des chargements.	Nombre de navires.	Valeur des chargements.	
NAVIRES ENTRÉS À SAINT-LOUIS.									
(*Lieux de provenance.*)									
Liverpool.................	1	98	7	59,981ᶠ	"	"	"	"	59,981ᶠ
Canaries..................	4	836	44	38,517	"	"	"	"	38,517
Gambie	2	181	20	3,668	"	"	"	"	3,668
Sierra-Leone	1	47	7	101,001	"	"	"	"	101,001
Rio-Nunez	3	112	21	29,719	"	"	"	"	29,719
Rio-Pongo	3	127	26	38,510	"	"	"	"	38,510
Bissao	6	318	51	113,738	"	"	"	"	113,738
Bramayah	1	39	8	12,673	"	"	"	"	12,673
Totaux............	21	1,758	184	397,807	"	"	"	"	397,807 (²)
NAVIRES SORTIS DE SAINT-LOUIS.									
(*Lieux de destination.*)									
Rio-Nunez.................	1	52	10	33,835ᶠ	"	"	"	"	33,835ᶠ
Rio-Pongo	3	120	26	87,379	"	"	"	"	87,379
Bissao....................	7	375	55	302,163	"	"	"	"	302,163
Sierra-Leone.............	1	53	10	3,120	"	"	"	"	3,120
Bathurst..................	1	37	8	9,160	"	"	"	"	9,160
Totaux............	13	109	637	435,657	"	"	"	"	435,657 (³)

(¹) L'entrée du fleuve du Sénégal est interdite aux étrangers.

(²) En ajoutant à cette somme de... 397,807ᶠ
celle de... 3,354,433

qui représente la valeur des marchandises étrangères extraites des entrepôts métropolitains, et qui figure dans le tableau n° 84 de la navigation commerciale avec la France, on aura le chiffre total des importations en marchandises étrangères, ci........................... 3,752,240

(³) Récapitulation de la valeur des chargements
{ en marchandises du cru de la colonie...... 13,387
{ en marchandises françaises............... 422,131
{ en marchandises étrangères............... 139

Total égal... 435,657

N° 87. — (Sénégal. — Gorée.) — *Tableau des mouvements de la navigation commerciale entre la France et la colonie en 1862.*

(D'après le tableau de la douane de France.)

DÉSIGNATION des PORTS DE FRANCE.	NAVIRES FRANÇAIS.					
	NOMBRE de navires.	TONNAGE.	NOMBRE d'hommes d'équipage.	VALEUR DES CHARGEMENTS.		TOTAL.
				Marchandises françaises.	Marchandises étrangères extraites des entrepôts.	
NAVIRES SORTIS DE FRANCE ALLANT À GORÉE.						
(*Lieux de provenance.*)						
Dieppe.........................	1	280	15			
Le Havre......................	6	1,467	60			
Rouen.........................	5	1,255	55	3,571,348f	1,546,249f (1)	5,117,597f
Bordeaux......................	16	4,194	216			
Marseille......................	13	3,787	155			
Toulon........................	3	546	28			
Totaux.............	44	11,479	529			
NAVIRES ENTRÉS EN FRANCE VENANT DE GORÉE.						
(*Lieux de destination.*)						
Dieppe.........................	1	280	15			
Le Havre......................	4	957	44			
Rouen.........................	4	752	38	....	....	5,389,578
Bordeaux......................	8	2,138	115			
Marseille......................	20	4,978	224			
Totaux.............	37 (2)	9,105 (2)	436 (2)			
Total général..						10,507,175 (3)

(1) Voir ci-après, page 171, la note 1 du tableau n° 89. Ce chiffre est emprunté à l'état colonial.

(2) La différence qui existe entre ces chiffres et ceux du Tableau du commerce général de France, pour la même année, provient de la rectification d'une erreur qui a fait comprendre, dans la récapitulation de la navigation avec les colonies, au compte de Gorée, 1 navire venant des Pays-Bas, jaugeant 174 tonneaux, et monté par 9 hommes d'équipage.

(3) Dans ce chiffre n'est pas comprise la valeur des importations et des exportations en numéraire : les premières ont été de 107,000 francs, et les dernières de 208,170 francs.

N° 88. — (SÉNÉGAL. — GORÉE.) — *Tableau des mouvements de la navigation entre la colonie et les autres colonies et pêcheries françaises en 1862.*

(D'après l'état de la douane coloniale.)

DÉSIGNATION des COLONIES ET PÊCHERIES FRANÇAISES.	NAVIRES FRANÇAIS.				
	NOMBRE de navires.	TONNAGE.	NOMBRE d'hommes d'équipage.	VALEUR des chargements.	VALEUR totale des chargements.
NAVIRES ENTRÉS À GORÉE.					
(Lieux de provenance.)					
Guadeloupe.........................	1	266	12	"	
Saint-Louis........................	34	2,929	264	128,921ᶠ	702,874ᶠ
Cazamance..........................	67	5,075	503	573,953	
Totaux....................	102	8,270	779		

DÉSIGNATION DES COLONIES et pêcheries françaises.	NOMBRE de navires.	TONNAGE.	NOMBRE d'hommes d'équipage.	MARCHANDISES du cru de la colonie.	MARCHANDISES RÉEXPORTÉES.		VALEUR totale des chargements.
					Françaises.	Étrangères.	
NAVIRES SORTIS DE GORÉE.							
(Lieux de destination.)							
Réunion..............	1	269	15				"
Guadeloupe...........	2	545	25				19,250ᶠ
Gabon...............	1	290	14	"	518,211ᶠ	551,039ᶠ	1,837
Saint-Louis..........	34	1,880	236				118,775
Cazamance............	78	7,179	608				929,388
Totaux........	116	10,163	898				1,069,250

TOTAL GÉNÉRAL de la valeur des chargements importés et exportés............   **1,772,124**

N° 89. — (SÉNÉGAL. — GORÉE.) — *Tableau des mouvements de la navigation commerciale entre la colonie et les pays étrangers en 1862.*

(D'après les bulletins trimestriels du commerce de la colonie.)

DÉSIGNATION DES PAYS ÉTRANGERS.	NAVIRES FRANÇAIS.				NAVIRES ÉTRANGERS				VALEUR TOTALE des chargements.
	NOMBRE de navires.	TONNAGE.	NOMBRE D'HOMMES d'équipage.	VALEUR des chargements.	PORTANT pavillon du pays.		PORTANT autre pavillon.		
					Nombre de navires.	Valeur des chargements.	Nombre de navires.	Valeur des chargements.	
NAVIRES ENTRÉS À GORÉE.									
(Lieux de provenance.)									
Angleterre..............	4	821	39	176,507f	"	"	"	"	176,507f
Portugal...............	1	211	12	"	"	"	"	"	"
États-Unis.............	"	"	"	"	16	333,814f	1	"	333,814
Cuba..................	"	"	"	"	"	"	1	"	"
Canaries..............	2	430	21	2,100	"	"	"	"	2,100
Grand-Sestre. (Côte de Guinée.)...........	1	250	11	"	"	"	"	"	"
Iles du Cap-Vert.......	14	4,753	558	1,782	4	"	2	658f	2,440
Sainte-Marie et côte Sud.	70	5,393	471	456,281	2	"	4	157,722	614,003
Sine et Salum.........	48	1,184	272	114,334	"	"	"	"	114,334
Petite-Côte............	302	3,378	1,517	114,352	"	"	"	"	114,352
Carabane.............	"	"	"	"	"	"	1	"	"
Totaux.......	442	16,420	2,901	865,356	22	333,814	9	158,380	(1) 1,357,550
NAVIRES SORTIS DE GORÉE.									
Lieux de destination.)									
États-Unis.............	"	"	"	"	8	249,802f	"	"	249,802f
Californie.............	1	433	15	"	"	"	"	"	"
Calcutta..............	1	350	15	"	"	"	"	"	"
Saint-Thomas.........	1	402	15	"	"	"	"	"	"
Belgique..............	1	250	11	"	"	"	"	"	"
Mozambique	1	233	12	"	"	"	"	"	"
Libéria (République de).	"	"	"	"	"	"	1	"	"
Sainte-Marie-la-Côte....	101	1,453	867	1,387,698f	5	"	6	791f	1,388,489
Iles du Cap-Vert.......	13	4,722	559	10,141	1	"	3	"	10,141
Sine et Salum........	38	1,007	215	128,679	"	"	"	"	128,679
Petite-Côte (de Dakar à Joal.)..............	315	2,893	1,466	95,514	"	"	"	"	95,514
Totaux.......	472	11,743	3,175	1,622,032	14	249,802	10	791	1,872,625

(1) En ajoutant à cette somme de... 1,357,550f
celle de... 1,546,249
qui représente la valeur des marchandises étrangères extraites des entrepôts métropolitains, et qui figure dans le tableau n° 87 de la navigation commerciale avec la France, on aura le chiffre total des importations en marchandises étrangères, ci................................. 2,903,799

N° 90. — (ILES SAINT-PIERRE ET MIQUELON.) — *Tableau des mouvements de la navigation commerciale entre la France et la colonie en 1862.*

(D'après l'état de la douane coloniale.)

DÉSIGNATION DES PORTS DE FRANCE.	NAVIRES FRANÇAIS.					
	NOMBRE de navires.	TONNAGE.	NOMBRE d'hommes d'équipage.	VALEURS DES CHARGEMENTS ([1]).		TOTAL.
				Marchandises françaises.	Marchandises étrangères extraites des entrepôts.	
NAVIRES ENTRÉS AUX ÎLES SAINT-PIERRE ET MIQUELON VENANT DE FRANCE.						
(Lieux de provenance.)						
Dieppe......................	11	2,197	205	47,850ᶠ		
Saint-Valery-en-Caux.........	1	238	20	1,350		
Fécamp......................	18	4,222	358	24,863		
Le Havre....................	7	1,689	84	28,430		
Granville...................	47	6,643	1,184	550,600		
Saint-Malo..................	48	7,176	1,404	473,209		1,340,211ᶠ
Morlaix.....................	2	309	45	15,600		
Bayonne.....................	4	564	123	75,200		
Bordeaux....................	2	332	19	22,406		
Cette.......................	2	444	21	90,059		
Marseille...................	2	446	24	9,107		
Saint-Nazaire...............	2	575	27	1,547		
TOTAUX............	146	24,835	3,514			

([1]) Voir ci-après, page 175, la note du tableau 92.

DÉSIGNATION DES PORTS DE FRANCE.	NAVIRES FRANÇAIS.				
	NOMBRE de navires.	TONNAGE.	NOMBRE d'hommes d'équipage.	VALEUR des chargements.	VALEUR TOTALE des chargements.
NAVIRES SORTIS DES ÎLES SAINT-PIERRE ET MIQUELON ALLANT EN FRANCE.					
(*Lieux de destination.*)					
Granville......................	15	2,264	(¹) »	275,877ᶠ	
Saint-Malo....................	19	2,755	»	220,487	
Morlaix..................\.....	1»	154	»	18,642	
Nantes........................	1	79	»	28,251	
Ile de Ré	2	269	»	80,116	1,134,472ᶠ
Bordeaux.....................	3	262	»	120,504	
Bayonne........4.............	2	255	»	30,707	
Marseille.....................	5	666	»	231,302	
Cette........................	2	444	»	128,586	
TOTAUX..........	50	7,148	»		

(¹) Les bâtiments arrivent au printemps dans la colonie avec le nombre d'hommes d'équipage nécessaire à toutes les opérations de la pêche, mais tous ces hommes ne restent pas à bord; la plupart d'entre eux débarquent à Saint-Pierre, soit pour la sécherie, soit pour la pêche locale, etc. A l'automne, au lieu de repasser sur les navires auxquels ils appartiennent, le plus souvent les marins ainsi débarqués se rendent en France, *comme passagers*, sur d'autres bâtiments, et il en résulte que le chiffre des équipages à la sortie est de beaucoup inférieur au chiffre des équipages à l'entrée. C'est pour éviter tout malentendu à cet égard que l'on n'a pas rempli cette colonne.

N° 91. — (ILES SAINT-PIERRE ET MIQUELON.) — *Tableau des mouvements de la navigation entre la colonie et les autres colonies et pêcheries françaises en 1862.*

(D'après l'état de la douane coloniale.)

DÉSIGNATION des COLONIES ET PÊCHERIES FRANÇAISES.	NAVIRES FRANÇAIS.				
	NOMBRE de navires.	TONNAGE.	NOMBRE d'hommes d'équipage.	VALEUR des chargements.	VALEUR TOTALE des chargements.
NAVIRES ENTRÉS AUX ÎLES SAINT-PIERRE ET MIQUELON.					
(*Lieux de provenance.*)					
Martinique....................	17	2,062	" (¹)	38,896ᶠ	
Guadeloupe....................	4	540	"	3,201	42,097ᶠ
Banc de Terre-Neuve.............	138	22,417	"	"	
Côtes de Terre-Neuve.............	5	837	"	"	
TOTAUX............	164	26,756	"		

DÉSIGNATION DES COLONIES et pêcheries françaises.	NAVIRES FRANÇAIS.						
	NOMBRE de navires.	TONNAGE.	NOMBRE d'hommes d'équipage.	MARCHANDISES du cru de la colonie.	MARCHANDISES réexportées. Françaises.	MARCHANDISES réexportées. Étrangères.	VALEUR TOTALE des chargements.
NAVIRES SORTIS DES ÎLES SAINT-PIERRE ET MIQUELON.							
(*Lieux de destination.*)							
Martinique.........	24	4,074	"	1,522,101ᶠ	"	82,059ᶠ	1,604,250ᶠ
Guadeloupe.........	18	3,214	"	950,761	"	60,809	1,011,570
Réunion,..........	4	1,222	"	307,813	"	21,250	329,063
Banc de Terre-Neuve.	192	32,733	"	"	"	"	"
Côtes de Terre-Neuve,	10	2,800	"	"	"	"	"
TOTAUX.........	257	44,052	"	2,780,705	"	164,118	2,944,883

(¹) Voir la note 1 du tableau précédent, page 173.

N° 92. — (ILES SAINT-PIERRE ET MIQUELON.) — *Tableau des mouvements de la navigation commerciale entre la colonie et les pays étrangers en 1862.*

(D'après l'état de la douane coloniale.)

DÉSIGNATION des PAYS ÉTRANGERS,	NAVIRES FRANÇAIS.				NAVIRES ÉTRANGERS				VALEUR TOTALE des charge-ments.
					PORTANT pavillon du pays.		PORTANT autre pavillon.		
	NOMBRE de navires.	TONNAGE.	NOMBRE D'HOMMES d'équipage.	VALEUR des chargements.	Nombre de navires.	Valeur des chargements.	Nombre de navires.	Valeur des chargements.	
NAVIRES ENTRÉS AUX ÎLES SAINT-PIERRE ET MIQUELON.									
(Lieux de provenance.)									
New-York.................	2	273	(¹)	13,362ᶠ	"	"	"	"	13,362ᶠ
Boston..................	7	878	"	377,149	1	17,441ᶠ	11	1,094,098ᶠ	1,488,688
Halifax.................	3	446	"	4,056	1	3,250	"	"	7,306
Sydney.................	"	"	"	"	2	11,451	"	"	11,451
Québec.................	"	"	"	"	5	177,453	"	"	177,453
Divers ports de la Nouvelle-Écosse.................	"	"	"	"	11	21,021	"	"	21,021
Divers ports du New-Brunswick..................	"	"	"	"	8	18,881	"	"	18,881
Divers ports de l'île du Prince-Édouard.................	"	"	"	"	18	31,807	"	"	31,807
Divers ports de l'île du Cap-Breton..................	"	"	"	"	31	87,511	"	"	87,511
Bateaux de la côte de Terre-Neuve, porteurs de boitte, bois de chauffage, etc......	"	"	"	"	"	288,975	"	"	288,975
TOTAUX...........	12	1,597	"	394,567	77	657,790	11	1,094,098	2.146,455

(¹) Voir la note 1 au tableau n° 90, page 173.

DÉSIGNATION des ports étrangers.	NAVIRES FRANÇAIS.				NAVIRES ÉTRANGERS				VALEUR TOTALE des chargements.
	Nombre de navires.	Tonnage.	Nombre d'hommes d'équipage.	Valeur des chargements.	pavillon du pays.		autre pavillon.		
					Nombre de navires.	Valeur des chargements.	Nombre de navires.	Valeur des chargements.	
NAVIRES SORTIS DES ÎLES SAINT-PIERRE ET MIQUELON.									
(Lieux de destination.)									
Boston	8	1,038	»	300,188f	»	»	»	»	300,188f
New-York	9	273	»	137,089	»	»	»	»	137,089
Halifax	9	240	»	100,080	»	»	»	»	100,080
Alicante	1	70	»	40,300	»	»	»	»	40,300
Carmen	1	168	»	»	»	»	»	»	»
Québec	»	»	»	»	3	31,314f	»	»	31,314
Sydney	»	»	»	»	93	137,700	»	»	137,700
Divers ports de la Nouvelle-Écosse	»	»	»	»	91	190,407	»	»	190,407
Divers ports du New-Brunswick	»	»	»	»	19	71,038	»	»	71,038
Divers ports de l'île du Prince-Édouard	»	»	»	»	3	3,500	»	»	3,500
Divers ports de l'île de Terre-Neuve	»	»	»	»	13	12,000	»	»	12,000
Bateaux de la côte de Terre-Neuve, porteurs de boëtte et de bois de chauffage, etc.	»	»	»	»	»	138,280	»	»	138,280
TOTAUX	13	1,988	»	947,807	82	840,830	»	»	1,488,843

Nº 93. — (ÉTABLISSEMENTS FRANÇAIS DANS L'INDE.) — *Mouvements de la navigation commerciale en 1862.*

1ʳ Pondichéry.

LIEUX DE PROVENANCE.		NOMBRE de navires.	TONNAGE.	NOMBRE d'hommes d'équipage.	VALEURS DES CHARGEMENTS importés.	
					Partielles.	Totales.
ENTRÉES.						
Navires français venant	de France	(¹) 1	432	15	.	651,289
	des colonies françaises { Réunion	15	6,191	244	28,095	355,851
	Karikal	28	1,628	256	250,840	
	Yanaon	4	1,238	96	75,916	
	de l'étranger, { Maurice	3	1,629	66	91,206	
	Pinang et Sincapour	1	734	19	21,598	
	Calcutta	2	981	37	42,360	
	Coringuy	11	4,046	166	326,087	
	Madras	4	1,431	61	96,340	
TOTAUX		70	18,333	960		3,316,785
Navires étrangers venant de	Maurice	7	"	.	272,852	
	Padang	2	"	.	170,329	
	Pinang et Sincapour	1	"	.	29,676	
	Calcutta	1	"	.	69,669	
	Coringuy	18	"	.	816,915	
	Madras	87	"	.	787,904	
	Jafna	64	"	.	357,101	
	Colombo	15	"	.	122,329	
	Côte de Malabar	3	"	.	99,589	
TOTAL des navires étrangers		198	"	"		
TOTAL GÉNÉRAL des chargements importés....						4,323,925

(¹) Ces chiffres sont ceux de la douane métropolitaine : ils représentent le nombre des navires partis de France, en 1862, pour les établissements français de l'Inde. Quant au nombre des navires venant de France et entrés à Pondichéry, il est indiqué ainsi qu'il suit par l'état de la douane coloniale :

	NAVIRES.	TONNAGE.	HOMMES d'équip.
Bordeaux	6	2,177	95
Marseille	3	1,279	47
TOTAUX	9	3,456	142

LIEUX DE DESTINATION.		NOMBRE de navires.	TONNAGE	NOMBRE d'hommes d'équipage.	VALEÚRS DES CHARGEMENTS exportés. Partielles.	Totales.
SORTIES.						
Navires français allant — en France		(¹) 10	2,895	135	„	18,166,076
dans les autres colonies et comptoirs français.	Martinique	3	1,660	58	80,600	
	Réunion	21	8,423	355	912,802	1,146,168
	Karikal	34	4,381	537	138,335	
	Yanaon	6	2,221	99	14,431	
à l'étranger..	Maurice	5	1,870	68	529,698	
	Coringuy	23	9,278	366	22,130	
	Madras	5	1,612	61	17,865	
Totaux		107	32,340	1,679		
Navires étrangers allant à — Londres		12	„	„	4,199,960	5,946,130
Maurice		7	„	„	882,828	
Pinang et Sincapour		1	„	„	10,816	
Coringuy		6	„	„	11,064	
Madras		35	„	„	35,731	
Jafna		29	„	„	37,042	
Colombo		19	„	„	60,084	
Padang		2	„	„	129,706	
Côte de Malabar		4	„	„	9,206	
Totaux des navires étrangers		115	Total général des chargements exportés			25,258,374

(¹) Ces chiffres sont ceux de la douane de France; ils représentent le nombre des navires venant des établissements français de l'Inde et entrés en France en 1862. Quant au nombre des navires sortis de Pondichéry et allant en France, il est indiqué comme suit par l'état de la douane coloniale :

	NAVIRES.	TONNAGE.	HOMMES d'équip.
Bordeaux	16	5,430	237
Marseille	7	2,858	111
Totaux	23	8,288	348

2° *Karikal.*

LIEUX DE PROVENANCE.	NOMBRE de navires.	TONNAGE	NOMBRE d'hommes d'équipage.	VALEURS DES CHARGEMENTS importés.	
				Partielles.	Totales.
ENTRÉES.					
Navires français venant — de France.............	(1) »	(1) »	(1) »	»	»
des colonies françaises. — Cayenne........ Réunion........ Mayotte........ Pondichéry......	30	5,086	323	»	270,051ᶠ
de l'étranger. — Pinang et Sincapour..	1	318	15	203,872ᶠ	
TOTAUX................	31	5,404	338		
Navires étrangers venant de — Tiroumalevassel........	4	»	»	2,443	
Coringuy.............	2	»	»	16,882	
Pinang et Sincapour........	18	»	»	1,483,853	
Moulmein.............	1	»	»	4,320	
Topoutoré.............	7	»	»	1,377	
Rangansentorré...........	11	»	»	36,054	3,005,505
Jafna..............	56	»	»	55,181	
Calpentyn............	1	»	»	11,632	
Pamben et Mannar.........	4	»	»	3,177	
Colombo.............	37	»	»	1,054,732	
Dodondove............	3	»	»	10,092	
Calitoré..............	4	»	»	40,167	
Adivirampatnam..........	1	»	»	494	
Trinquemalay...........	18	»	»	39,357	
Batticolo.............	2	»	»	20,183	
Côte da Malabar. (Maléalom.)......	5	»	»	21,089	
TOTAL des navires étrangers....	174	»	»		
TOTAL des chargements importés.............					3,275,556

(1) On ne fait figurer ici ni l'entrée ni la sortie de ces bâtiments, parce que la totalité du mouvement de navigation entre la France et les comptoirs français de l'Inde se trouve comprise dans la partie du présent tableau relative à Pondichéry (voir page 177); toutefois, l'état colonial présente, à la sortie de Karikal pour France, 5 navires français, qui ont exporté une valeur de 236,146 francs.

LIEUX DE DESTINATION.	NOMBRE des navires.	TONNAGE.	NOMBRE d'hommes d'équipage.	VALEURS DES CHARGEMENTS exportés. Partielles.	Totales.
SORTIES.					
Navires français allant en France	(¹) "	(¹) "	(¹) "	(¹) "	738,032
aux colonies françaises. Réunion	9	4,133	163	422,245	
Pendichéry	15	1,096	108	335,787	
Totaux	24	5,229	271		
Navires étrangers allant à — Madras	3	"	"	7,020	
Coringuy	3	"	"	15,413	
Sircapour et Pinang	8	"	"	1,086,748	
Arracan	1	"	"	2,001	
Monlmein	3	"	"	22,922	
Nagour	2	"	"	2,628	
Topontoré	7	"	"	8,045	
Pomben et Mannar	14	"	"	11,100	
Kijecarré	4	"	"	12,403	
Paricorré	9	"	"	85,702	
Jafna	52	"	"	97,005	
Rangansentorré	19	"	"	82,118	
Colombo	83	"	"	1,520,474	3,001,556
Pointe-de-Galles	2	"	"	7,488	
Tutacorin	3	"	"	960	
Batticalo	7	"	"	4,907	
Tringuemolay	6	"	"	11,108	
Calitoré	8	"	"	8,550	
Vervellé	6	"	"	7,844	
Ballipatty-Madoure	4	"	"	1,589	
Ammapatnam, Amontoté, Carlpatnam et Tévipatnam	6	"	"	8,700	
Rangoun	1	"	"	8,955	
Portonovo	8	"	"	1,229	
Troumblevastel	0	"	"	648	
Total des navires étrangers	268	"	"		
Total des chargements exportés					3,759,588

3° *Yanaon.*

LIEUX DE PROVENANCE ET DE DESTINATION.	NOMBRE de navires.	TONNAGE	NOMBRE d'hommes d'équipage.	VALEURS DES CHARGEMENTS.	
				Partielles.	Totales.
ENTRÉES.					
Navires français et étrangers venant { de France............	"	"	"	"	
des autres comptoirs français (Pondichéry)............	16	"	"	19,370ᶠ	24,591ᶠ
de l'étranger............	"	"	"	5,221	
SORTIES.					
Navires français et étrangers allant { en France............	"	"	"	"	"
aux autres comptoirs français (Pondichéry)............	15	"	"	"	243,468
à l'étranger............	"	"	"	"	"
TOTAL GÉNÉRAL............	51	"	"	"	268,059

4° *Mahé.*

Le mouvement de navigation de ce comptoir avec la France, en 1862, présente 1 navire à l'entrée. Il a été nul avec les autres colonies. En ce qui concerne l'étranger, 74 bateaux du pays ont importé de divers points de l'Inde pour 68,896 francs de marchandises étrangères, et 80 bateaux ont exporté pour cette même destination 119,170 francs de marchandises, dont 20,331 francs du cru de la colonie et 98,839 francs provenant de l'importation.

APPENDICE.

Lorsque le département de la marine publia en 1837, 1838, 1839 et 1840, les *Notices statistiques* auxquelles font suite les tableaux qui précèdent, la France ne possédait pas encore les îles de Mayotte et Nossi-Bé, les établissements de la côte d'Or et du Gabon, les Marquises et la Nouvelle-Calédonie. Elle n'exerçait son protectorat ni sur les îles de la Société et archipels environnants, ni sur Porto-Novo. Ce recueil ne pouvait donc fournir aucun renseignement sur ces divers points.

Une notice abrégée publiée dans la *Revue coloniale* de juillet 1858 a présenté d'intéressantes indications sur l'histoire, la climatologie, la population, la culture, la production et le commerce de ces différents établissements. Le même recueil, reprenant en sous-œuvre les statistiques anciennes, a commencé à publier sur nos colonies une série de notices rédigées dans la même forme. (Voir notamment, pour ce qui concerne Mayotte, Nossi-Bé et Sainte-Marie, le numéro de la *Revue maritime et coloniale* de juin 1863, et celui du mois de septembre suivant pour les établissements de la côte d'Or et du Gabon.)

Les informations ci-après n'ont pu être présentées dans la forme adoptée pour les autres colonies; ce sont de simples notes à consulter sous toute réserve, les moyens de vérification et de contrôle pour ces sortes de travaux ayant presque complétement manqué jusqu'à ce jour dans la plupart des établissements coloniaux d'un ordre secondaire.

MAYOTTE, NOSSI-BÉ ET SAINTE-MARIE.

POPULATION.

Les recensements de ces trois îles, insérés pour la première fois aux Tableaux de population, de culture, de commerce et de navigation de 1843, ont continué depuis lors à figurer chaque année dans ce recueil. Le personnel restreint de leurs administrations respectives ne permettant pas de dresser tous les ans le dénombrement de ces établissements et d'en soumettre les populations, à peu près nomades encore, au contrôle régulier de l'état civil, les documents concernant cette partie de la statistique coloniale n'ont pu, jusqu'à présent, fournir que des données incomplètes : 1° quant aux enfants, dont le chiffre est indiqué en bloc et sans distinction de sexe; 2° quant aux adultes, en ce qui concerne les diverses catégories d'âge. Le dernier recensement reproduit pour 1862 présente, comme on le voit page 24, pour Mayotte et Nossi-Bé, les chiffres établis dans les derniers mois de 1860, et pour Sainte-Marie, ceux de 1857.

CULTURES.

En l'absence de tout document sur les cultures des diverses parties de notre établissement pour l'année 1862, les renseignements suivants, empruntés à un document de statistique agricole transmis de Mayotte pour 1859, présenteront quelque intérêt.

A cette date, la superficie totale des concessions de terrain faites dans l'île représentait 9,518 hectares, dont 864 étaient plantés en cannes à sucre et 6 seulement en caféiers.

Les habitations rurales, au nombre de 22, dont 17 sucreries et 5 caféries, employaient 1,233 travailleurs. Sur les 17 sucreries, on en comptait 8 possédant des moulins à vapeur et 3 des distilleries.

Les produits récoltés en 1859 ont présenté les résultats suivants, en quantités et valeurs :

Sucre......................	1,311,000 kilogr.	786,600[f]
Sirops et mélasses	50,000 litres.	12,500
Rhum	16,500 *idem.*	14,850
Café......................	700 *idem.*	1,400
	Valeur brute......	815,350
Les frais d'exploitation se sont élevés à.............		530,000
Et la valeur nette à.........................		285,350

Le relevé numérique des différentes espèces d'animaux de trait et du bétail existant dans l'île indique 5 chevaux, 12 ânes, 3 mulets et 413 bœufs.

La valeur approximative des terres employées aux cultures était de....................................... 150,000[f]

Celle des bâtiments et du matériel d'exploitation, de..... 2,307,000

Celle des animaux de trait et du bétail, de........... 43,800

TOTAL..... 2,500,800

COMMERCE ET NAVIGATION.

Le département de la marine n'ayant encore reçu, pour 1862, que deux bulletins trimestriels des îles de Mayotte et de Sainte-Marie de Madagascar, et les documents statistiques du même genre faisant défaut pour l'île de Nossi-Bé, il est impossible d'indiquer le mouvement commercial et maritime auquel a donné lieu la navigation entre ces îles et les autres colonies françaises ou l'étranger [1]. Toutefois, les états suivants, empruntés au tableau général du commerce de France font connaître les importations et les exportations effectuées entre la métropole et les trois établissements secondaires.

[1] Ce commerce ne laisse pas que d'avoir une certaine importance, principalement celui du cabotage, qui se fait entre les Comores, la côte de Zanzibar, celle de Madagascar et nos trois établissements, soit à l'aide des boutres arabes, soit au moyen de petites embarcations du pays. L'absence de tout service douanier rend impossible la constatation exacte de ce commerce, qui n'est d'ailleurs assujetti à aucune taxe.

APPENDICE.

COMMERCE.

(MAYOTTE, NOSSI-BÉ ET SAINTE-MARIE DE MADAGASCAR.) — *État détaillé, en quantités et valeurs, des denrées et marchandises exportées de France pour la colonie en 1862.*

(D'après le tableau de la douane de France. — Commerce spécial.) [1]

DÉSIGNATION DES DENRÉES ET MARCHANDISES.	ESPÈCE des UNITÉS.	QUANTITÉS EXPORTÉES de France pour Mayotte et dépendances.	VALEURS des EXPORTATIONS de France pour Mayotte et dépendances.
Viandes salées	Kilogr.	5,329	3,720^f
Fromages	Idem.	3,670	2,569
Huiles de graines grasses	Idem.	4,273	4,273
Tôle (fer platiné ou laminé — noir)	Idem.	5,074	5,074
Cuivre pur de 1re fusion	Idem.	10,393	32,257
Couleurs	Valeur.	"	6,188
Médicaments composés	Kilogr.	2,071	20,710
Vins..... ordinaires..... de la Gironde	Litre.	28,904	14,592
Vins..... ordinaires..... d'ailleurs	Idem.	6,290	4,282
Vins..... de liqueur	Idem.	1,375	2,063
Liqueurs (alcool)	Idem.	2,650	7,950
Vitrifications	Valeur.	"	7,495
Tissus.... de lin ou de chanvre	Idem.	"	13,846
Tissus.... de laine	Idem.	"	4,640
Tissus.... de coton	Idem.	"	36,640
Papier et ses applications	Idem.	"	11,375
Nattes ou tresses pour paillassons	Kilogr.	"	74,200
Pelleteries ouvrées	Valeur.	"	18,456
Caractères d'imprimerie	Kilogr.	2,200	9,900
Instruments aratoires	Idem.	3,000	15,000
Ouvrages en divers métaux	Valeur.	"	30,850
Voiles confectionnées	Idem.	"	50,200
Ouvrages en bois	Idem.	"	16,840
Meubles de toute sorte	Idem.	"	4,270
Habillements neufs	Kilogr.	8,413	168,260
Denrées et marchandises non dénommées ci-dessus	Valeur.	"	50,576
VALEUR TOTALE des exportations de France pour Mayotte et dépendances [2]	....	....	625,226 [3]

(1) On classe en France, sous le titre de *commerce spécial* : 1° dans l'*exportation*, les marchandises *françaises* exportées ; 2° dans l'*importation*, tout ce qui a été importé définitivement, c'est-à-dire mis en consommation sous le payement des droits.

Sous le titre de *commerce général*, on comprend : 1° dans l'*importation*, tout ce qui est arrivé par navires français ou par navires étrangers, sans égard à la destination ultérieure des marchandises, soit pour la consommation, soit pour le transit ou pour l'entrepôt ; 2° dans l'*exportation*, les marchandises *françaises et étrangères* exportées.

(2) Il a été constaté en outre, pour 1862, une exportation en numéraire de 110,000 francs de France pour la colonie.

(3) Cette somme représente, en *valeurs actuelles*, celle de 571,189 francs.

(Mayotte, Nossi-Bé et Sainte-Marie de Madagascar.) — *État détaillé, en quantités et valeurs, des denrées et marchandises importées de la colonie en France en 1862.*

(D'après le tableau de la douane de France. — (Commerce général.) (1)

DÉSIGNATION DES DENRÉES ET MARCHANDISES.	ESPÈCE des UNITÉS.	QUANTITÉS IMPORTÉES de Mayotte et dépendances en France.	VALEURS des IMPORTATIONS de Mayotte et dépendances en France.
Peaux brutes, grandes	Kilogr.	14,079	17,176ᶠ
Sucre brut	Idem.	1,868,439	1,121,063
Café	Idem.	728	1,165
Vanille	Idem.	58	14,500
Huile de coco, etc	Idem.	13,000	6,500
Bois d'ébénisterie	Valeur.	"	5,239
Denrées et marchandises non dénommées ci-dessus	Idem.	"	3,724
VALEUR TOTALE des importations de Mayotte et dépendances en France (2)	....	....	1,169,367 (3)

(¹) Voir la note 1 du tableau précédent.

(²) Il n'a été constaté aucune importation en numéraire.

(³) Cette somme représente, en *valeurs actuelles*, celle de 1,208,702 francs.

NAVIGATION.

La navigation commerciale entre la France et les îles Mayotte, Nossi-Bé et Sainte-Marie de Madagascar, pendant l'année 1862, a employé :

A la sortie de France,

4 navires, 1,483 tonneaux, 63 hommes d'équipage.

A l'entrée en France,

6 navires, 1,546 tonneaux, 75 hommes d'équipage.

10   3,029   138

Ces 10 navires étaient de provenance ou à destination de Saint-Nazaire.

GABON.

COMMERCE ET NAVIGATION.

Pendant l'année 1862, les mouvements de la navigation et du commerce de ce comptoir ont présenté les résultats suivants :

Les mouvements de la navigation ont employé :

A l'entrée,

36 navires, jaugeant 8,215 tonneaux, montés par 439 hommes.

Dans ces chiffres, le pavillon français figure pour :

13 navires, 3,788 tonneaux, 173 hommes.

A la sortie,

18 navires dont 6 français, sans indication de tonnage ni d'équipage.

Les *importations*, montant à la somme de 655,551 francs, se composaient des marchandises ci-après :

Conserves alimentaires.........	69,186ᶠ	Tissus........................	184,454ᶠ
Sel........................	5,400	Quincaillerie...............	36,842
Tabac.....................	44,105	Mercerie et chapellerie........	15,749
Bois de construction et embarcations..................	15,800	Armes.....................	28,590
Vins......................	10,244	Poudre à tirer..............	48,178
Eaux-de-vie et spiritueux.......	128,519	Meubles	4,330
Faïence et verrerie..........	25,212	Articles confectionnés........	38,942

Les *exportations* se sont élevées à 1,624,804 francs. Cette somme se décompose comme suit :

Cire......................	23,526ᶠ	Caoutchouc.................	104,418ᶠ
Ivoire	420,965	Bois de santal	9,907
Café......................	1,370	—— d'ébène	269,990
Cacao.....................	6,425	—— rouge..................	111,775
Dika......................	3,024	Camwood	27,835
Huile de palme	607,971	Vieux cuivre................	285
Huile de coco.............	10,500	Objets de collection et curiosités.	1,089
Gomme copal.............	724	Espèces monnayées..........	25,000

Les importations et exportations réunies représentent une valeur totale de 2,222,356 francs, dans laquelle le commerce français figure pour 523,526 fr. dont 193,414 francs à l'importation et 330,112 francs à l'exportation.

NOUVELLE-CALÉDONIE.

POPULATION.

Le recensement parvenu de cet établissement, pour 1862, porte à 420 âmes le total de sa population civile d'origine européenne, au 31 décembre de ladite année. Ce chiffre comprend 9 naissances survenues depuis le 1ᵉʳ juillet (5 enfants du sexe masculin et 4 du sexe féminin); il comprend également 39 immigrants des deux sexes et de tout âge. Il se décompose comme suit :

	Hommes.	Femmes.	Totaux.
Au-dessous de 14 ans	50	44	94
De 14 ans et au-dessus	261	65	326
Ensemble	311	109	420 âmes.

Pendant la même année, il est arrivé dans la colonie 58 personnes dont 36 du sexe masculin et 22 du sexe féminin; il en est parti 29 personnes pendant le premier semestre et 21 pendant le second. Les décès, sur lesquels aucune information précise n'a été transmise au département, ont été à tort confondus dans ce dernier chiffre, qui représente 4 garçons, 2 filles, 10 hommes et 5 femmes.

En résumé, la population civile européenne s'est accrue de 8 âmes dans le cours de l'année 1862.

Dans ce chiffre de 420 âmes ne sont pas compris, comme l'indique la qualification de population civile, les militaires des diverses armes dont se compose l'effectif de la garnison, non plus que les officiers et employés des différents corps.

Les indigènes n'ont été jusqu'à ce jour soumis à aucun recensement. On en évalue le nombre à 40,000 ou 50,000 âmes. Il est bien entendu que ce chiffre n'est relaté ici que sous toute réserve, les moyens d'information n'ayant pu présenter aucune garantie d'exactitude.

COMMERCE ET NAVIGATION.

Pendant l'année 1862, les mouvements de la navigation et du commerce de Port-de-France ont présenté les résultats suivants :

Le mouvement de la navigation (*entrée et sortie réunies*) a employé :

41 navires jaugeant 8,175 tonneaux, montés par 405 hommes.

Dans ces chiffres, le pavillon français ne figure que pour :

6 navires, 1,980 tonneaux, 73 hommes.

Les importations se sont élevées en totalité à 1,227,630 francs, dont 148,930 francs par navires français.

Les exportations n'ont pas dépassé 55,443 francs, dont 3,000 francs seulement par pavillon français.

Les importations se composaient principalement de chevaux, bœufs et moutons, de matériel, de vivres, de charbon pour le Gouvernement, de bois de santal et de diverses marchandises non dénommées.

Les produits exportés comprennent les articles ci-après : peaux brutes de bœuf et de mouton, laine, suif, tripang, écaille, nacre, huile de coco, bois de santal et de construction, armes et poudre.

ÉTABLISSEMENTS FRANÇAIS DE L'OCÉANIE.

1862.

POPULATION, COMMERCE ET NAVIGATION.

OCÉANIE.

POPULATION.

L'Annuaire des établissements français de l'Océanie et du Protectorat des îles de la Société et dépendances, publié à Papeete, pour l'année 1863, donne, page 335, le relevé suivant de la population des divers établissement au 31 décembre 1862 :

	Hommes.	Femmes.		Totaux.
Archipel des Marquises [1]..........	//	//	[6]	12,000 âmes.
Iles Taïti [2]	4,895	4,191	[6]	10,347
Ile Moorea [3].....................	655	606		
Archipel Tuamotu [4].	//	//	[6]	8,218
Archipel Tubuaï [5].	//	//	[6]	533
				31,098

[1] Il n'y a d'Européens résidant aux îles Marquises que deux ou trois personnes.

[2, 3, 4, 5] Les chiffres afférant à ces divers établissements comprennent :

     313   Français,
     347   étrangers d'origine europenne ou américaine
     705   Océaniens, non Taïtiens,
      98   immigrants polynésiens,

Total...   1,463

[6] Excepté pour les îles Taïti et Moorea, les chiffres ne sont qu'approximatifs et ne comprennent point les effectifs de garnison, les fonctionnaires, employés et leurs familles, dont le chiffre est de :

     Services civils.........   30
     Services militaires......   370

       Total......   400

ILES TAÏTI ET MOOREA.

POPULATION.

Les recensements particuliers publiés par le même Annuaire, pour ces deux îles, évaluent comme suit leur population pendant les années 1848, 1860 et 1862 :

	1848.	1860.	1862.
Taïti.........	8,082 âmes	7,169 âmes	9,086 âmes.
Moorea........	1,372	1,114	1.261
Totaux.....	9,454	8,283	10,347

Les recensements de 1848 et de 1860 ont été opérés par des officiers français et présentent plus de garanties que celui de 1857, dont les autorités indiennes avait été chargées et dont il n'est pas fait ici mention.

Le recensement de 1848 diffère peu de celui que les missionnaires protestants ont opéré à Taïti en 1829.

Ce n'est qu'en 1852 que l'on a commencé à tenir les registres de l'état civil pour les Indiens.

En 1848, la population réunie des deux îles se décomposait ainsi :

1,567 garçons au-dessous de 14 ans, 3,695 hommes, 1,408 filles et 2,784 femmes; total 9,454.

En 1860, elle était de :

1,504 garçons au-dessous de 14 ans, 2,977 hommes, 1,259 filles et 2,543 femmes; total 8,283.

Le relevé des mouvements de l'état civil, du 12 mars 1852 au 31 décembre 1860, porte à 2,076 le nombre des naissances et à 2,503 celui des décès pendant cette période d'environ 9 ans, soit une moyenne annuelle de 231 naissances et 278 décès.

Le mémé relevé, établi pour les années 1859 à 1862 inclusivement, porte à 1,034 le nombre des naissances et à 687 celui des décès, ce qui donne une moyenne annuelle de 258 naissances et 172 décès.

En comparant ces deux derniers chiffres avec ceux de la période de 9 ans, on reconnaît que, pour la période de 4 ans, (la plus récente), la moyenne des naissances est supérieure à celle de la première période d'environ 12 p. o/o, tandis que la moyenne des décès est au contraire inférieure de plus de 38 p. o/o.

Il convient maintenant de chercher à se rendre compte de la différence qui résulte de la comparaison du recensement de 1848 avec celui de 1860.

En consultant d'abord les registres de l'état civil, on est conduit à décomposer l'intervalle des 9 années écoulées de 1852 à 1860 en deux périodes bien distinctes, suivant que la marche de la population a été décroissante ou ascensionnelle :

1re période : de 1852 à 1854;
2e période : de 1855 à 1860.

Pendant la 1re période, les Indiens sont décimés par une épidémie, et l'excédant des décès sur les naissances s'élève à 821.

Pendant la 2e période, la famille indienne augmente d'une manière permanente, et l'excédant des naissances sur les décès s'élève à 394.

Du 12 mars 1852 au 31 décembre 1860, le chiffre des décès a donc excédé de 427 celui des naissances, et l'écart total signalé par l'Administration coloniale entre le recensement de 1848 et celui de 1860 (soit 1,171), s'explique jusqu'à concurrence de 427 par l'excédant des décès sur les naissances durant cette période. On n'a donc plus à se rendre compte que d'une diminution de 744 individus. Cette diminution ne peut provenir que d'une grande mortalité avant la tenue des registres de l'état civil, c'est-à-dire de 1848 à 1852, d'erreurs dans les recensements de 1848 et de 1860, ou d'émigrations partielles non constatées.

Cette dernière hypothèse semble être la seule admissible; car si une épidémie avait sévi dans le Protectorat, il en aurait été fait mention, ainsi que cela a eu lieu pour la période de 1852 à 1854, tandis qu'il est encore aujourd'hui très-difficile de suivre les mouvements des Indiens.

Dans le recensement de 1848, qui offre, comme on l'a dit, des garanties sérieuses, on a dû comprendre tous les Indiens habitants des îles sous le vent venus à Taïti, soit pour combattre avec ou contre la France, pendant la guerre de l'insurrection, soit pour assister aux fêtes de la paix, lors de la rentrée de Pomaré à Papeete, en 1847. Beaucoup de ces Indiens n'avaient pas, sans doute, l'intention de se fixer à Taïti, et ils sont vraisemblablement retournés plus tard dans leurs îles, sans laisser trace de leur départ.

Quant au dernier recensement, il vient d'être opéré dans des conditions bien plus rigoureuses encore que celui de 1848 ; car les conseils commencent à fonctionner dans les districts, et les Indiens ont intérêt à ne pas trop s'écarter de leurs chefs.

Tout fait donc espérer que la population océanienne continuera de suivre, à Taïti et à Moorea, la marche ascendante dans laquelle elle est entrée depuis 1855 et qui lui a fait atteindre, en 1860, l'accroissement d'un quatre-vingt-seizième, c'est-à-dire une augmentation annuelle presque deux fois et demie plus forte que celle de la population en France, d'après l'*Annuaire du bureau des longitudes* pour 1860.

Avant peu d'années, les mesures de salubrité prises par le Gouvernement Protecteur, dans sa sollicitude paternelle et éclairée à l'égard de ses protégés, porteront leurs fruits ; les Indiens seront alors, il y a lieu de le penser, à l'abri des épidémies du genre de celle qui les a décimés de 1852 à 1854.

Parmi ces mesures de salubrité, on doit signaler :

1° La vaccination des enfants de Taïti et de Moorea, que l'administration du Protectorat, malgré bien des difficultés matérielles, a terminée vers la fin de 1862 ;

2° L'amélioration qu'amènera certainement dans la santé des Indiens la transformation successive de leurs cases humides en habitations saines et bien aérées.

Le tableau suivant présente, pour les îles de Taïti et Moorea, le recensement détaillé de 1860, d'après l'*Annuaire,* et ceux de 1861 et 1862, en ce qui concerne seulement les totaux par sexe, et les mouvements de l'état civil en naissances et décès, d'après des éléments puisés dans le même recueil périodique.

(Îles Taïti et Moorea.) — *Tableau [de] la population pour 1860, 1861 et 1862.*

DÉSIGNATION des ÎLES ET DES ANNÉES.	HOMMES					FEMMES					TOTAUX			COMPARAISON DE CHACUNE DES TROIS ANNÉES avec l'année précédente.			MOUVEMENTS DE LA POPULATION.				
	ENFANTS au-dessous de 14 ans.	CÉLIBATAIRES au-dessus de 14 ans.	HOMMES mariés.	VEUFS.	TOTAL.	ENFANTS au-dessous de 14 ans.	FILLES au-dessus de 14 ans.	FEMMES mariées.	VEUVES.	TOTAL.	HOMMES.	FEMMES.	TOTAL.	TOTAL de la population au 31 décembre précédent.	Augmentation de la population.	Diminution de la population.	NOMBRE de naissances.	NOMBRE de décès.	EXCÉDANT des naissances sur les décès.	EXCÉDANT des décès sur les naissances.	NOMBRE de mariages.
1860. { Taïti	1,316	703	1,487	372	3,878	1,085	411	1,485	310	3,291	3,878	3,291	7,169	″	″	″	″	″	″	″	″
1860. { Moorea	188	106	249	60	603	174	62	234	41	511	603	511	1,114	″	″	″	″	″	″	″	″
Totaux	1,504	809	1,736	432	4,481	1,259	473	1,719	351	3,802	4,481	3,802	8,283	8,197	86	″	246	160	86	″	116
Excédant des naissances sur les décès en 1861..	″	″	″	″	56	″	″	″	″	23	″	″	79	″	″	″	″	″	″	″	″
1861. — Les deux îles..	″	″	″	″	4,537	″	″	″	″	3,825	4,537	3,825	8,362 (¹)	8,283	79	″	259	180	79	″	″
Excédant des naissances sur les décès en 1862..	″	″	″	″	52	″	″	″	″	56	″	″	108	″	″	″	″	″	″	″	″
1862. — Les deux îles..	″	″	″	″	4,589	″	″	″	″	3,881	4,589	3,881	8,470 (²)	8,362	108	″	263	155	108	″	″

(¹) Les chiffres de 1861 ont été obtenus en ajoutant aux totaux par sexe, du recensement de 1860, les excédants respectifs des naissances sur les décès pendant l'année 1861, consignés dans un relevé des mouvements de l'état civil de la population indigène pour les années 1859 à 1862. On a procédé de même pour les chiffres de 1862.

(²) La différence en moins de 1,877 que présente ce chiffre, comparé à celui de 10,347 attribué, pour la même année, aux îles de Taïti et Moorea, dans le relevé général de la population des établissements français de l'Océanie, s'explique par ce fait que le chiffre de 8,470 ne comprend que la population indigène de ces deux îles, tandis que celui de 10,347 comprend non-seulement les 1,463 individus, tant Français qu'étrangers de toute origine, indiqués dans les notes du relevé général, comme étant compris dans les divers totaux, mais encore, et nonobstant l'observation du même relevé, les 400 individus représentant le personnel des services tant civils que militaires. En effet, 8,470 + 1,463 + 400 = 10,333, soit, à 14 âmes près, en moins, le même chiffre que celui du susdit relevé général.

APPENDICE.

COMMERCE ET NAVIGATION.

Pendant l'année 1862, les mouvements de la navigation et du commerce du port de Papeete ont présenté les résultats suivants :

Le mouvement de la navigation (*entrée et sortie réunies*) se traduit par 334 navires jaugeant 28,028 tonneaux, montés par 2,142 hommes.

Dans ces chiffres, le pavillon français et celui du Protectorat figurent pour 187 navires, 9,559 tonneaux, 974 hommes.

Les importations se sont élevées en totalité à............ 2,787,947^f
dont 2,375,668 francs en marchandises françaises et étrangères,
et 412,279 francs en produits des îles de l'Océanie, soumises
à la souveraineté ou au protectorat de la France.

Les exportations n'ont été que de...................... 1,698,077
dont : en produits du cru des îles Taïti et Moorea......... 466,275
—— en produits des îles de l'Océanie soumises à la souveraineté ou au protectorat de la France.............. 505,695
—— en denrées et marchandises provenant de l'importation.. 508,820
—— en marchandises sorties d'entrepôt fictif et réexportées à
diverses destinations........................... 217,287

La part du pavillon français et de celui du Protectorat a été :
A l'importation, de......... 954,898^f, soit un peu plus de 34 p. o/o
A l'exportation, de......... 288,101 , soit environ 17 p. o/o.

Découvrez l'histoire par les archives de presse

RETRONEWS

Le site de presse de la BnF

www.retronews.fr